生命，因閱讀而大好

阿德勒心理學×肯定自己×修復親子關係，
照護者的心靈自癒指南

照護年邁父母的勇氣

岸見一郎

前言

關於照護之事，無法再置身事外

某天的報紙上，刊登了一名男子與失智母親共同生活的報導。這名男子因為要照顧母親，迫不得已辭去了工作。有一天早餐過後，當母親問：「你不用去上班嗎？」讓他不由得拉高了嗓門：「妳以為是誰害我沒辦法去工作的！」報導中寫到，男子明知道母親是因為失智才會那麼問，自己卻控制不了情緒，讓他感到害怕。

我讀了這篇報導，覺得無法置身事外。因為我也正開始要照顧年邁的父親，的確會因為他的一些言行而焦躁不安。當然，並不是每天都會遇上這樣的狀況，也是有平靜祥和的時刻。只不過每當工作遇上了瓶頸，便時常將這些都歸咎於必須要照顧父親的緣故。

父親現年八十二歲，經診斷為阿茲海默型的失智症。一開始是居家照護，後來進入老人養護中心。我的母親很早就因為腦中風病逝，父親從那之後就是一個人住。這當中發生過種種問題，父親總是一副「為什麼？我不知道」的頑強態度，後來設法連哄帶騙，才說服他搬回我住處附近的老家。雖然無法同住，但經過考量，我與他距離步行十五分鐘左右的路程，還可以每天去探望，並提供一些生活上的協助。

相隔二十五年才回來的這個老家，曾經是父母共同生活、生下我與妹妹的地方。儘管父親當時不願意承認這樣的事實，但是他已經無法獨自一個人生活了。這是二〇〇八年十一月的事。

以我來說，因為都是在家工作，所以狀況與前面提到的那名男子不一樣。不過我在父親回來的兩年前生了一場重病，後來為調養身體就大幅減少外出的工作。父親搬回來時，正是我身體好不容易康復，打算再外出上班前不久的事。

說是要照護，理當要有負責照護的人。由於我沒有正職，時間上比較自由，所以才能夠照顧父親。只是我並非無所不能，還是要有家人協助，並利用一些長照的服務。

起初是像這樣居家照護，後來因為主治醫師還有長照管理專員的建議，向老人特別養護中心和老人健康照護中心提出了入住申請，沒想到結果超乎預期地快，二〇一〇年五月就核准了。據養護中心的照護負責人表示：不論哪裡的安養機構，男性入住者都很少，必須經過書面申請、面談審核、開會，才決定可否入住中心，所以「老實說很難進得去」。

由於入住申請通過之前，我一直在準備寫一本有關居家照護的書，所以當下有些猶豫。不過想一想，並不是讓父親住進了安養機構，對他的照護就結束了。實際上，現在也差不多每週都會到養護中心探望他兩次。居家照護有其優點的同時，也有很多難處。那樣的困難與伴隨照護工作而來的負擔，即使是開始進行照護之前已經有某種程度的心理準備，還是很難切實體會。因此對於剛開始照護父母的人，我建議還是要把入住安養機構納入最初的考量。我在父親搬回來時，完全不考慮讓他去安養機構並排斥那樣的做法，但現在的想法卻不同了。關於父親進入養護中心後，因為利用機構的資源在照護上有著什麼樣的轉變，我會再加以說明。

近年來，每當看到報紙或新聞中報導一些因為照護而衍生的不幸事件，便感到痛心。儘管明知這麼做多此一舉，且毫無新意，我還是認為必須寫一本關於照護的書，以助於預防那樣的憾事發生。

本書將完全以照護者的角度，基於我長期研究的阿德勒心理學，來想想如何減輕照護上的負擔、如何與需要照護的父母盡可能建立良好關係。並不是阿德勒在照護方面曾經說過些什麼，而是我自己在與父親互動的過程中思考：如果是阿德勒的話，他會說些什麼。只要徹底理解阿德勒的思考原則與原理，即使各種問題有如糾結纏繞的線團，都能找到解決的線索。

由於父親罹患的是失智症，書中關於失智方面的內容較多，將以照護者與家屬的角度來探討該如何去理解與應對。此外，也會藉由照護上普遍的狀況來思考如何與父母相處，以找出與他們在關係問題上的突破點。

目錄 CONTENTS

Chapter

2 並非忘記，而是過去會改變

目錄 CONTENTS

Chapter 3 從「當下」開始與父母建立新關係

Chapter 4 年邁的父母教給我們的人生意義

Chapter 6

邁向無條件肯定存活價值的社會

Chapter 1

要與年邁的雙親建立什麼樣的關係？

接受「照護」事實，調適內心情緒

不知不覺間，出現在父親身上的異狀

因為父親長年獨居的關係，我不在他身邊，沒能確實掌握他的狀況。雖然他老早就抱怨過記性變得很差，但我總以為是上了年紀的緣故。即使說到了身體不爽快，我也沒當它是多麼嚴重的大事。大致上，我認為父親這樣過日子不成問題。

然而在一連串像是用火不小心、交通事故，還有把錢都花光光這類的事情發生之後，我才開始注意到父親的異狀。如果住在一起，肯定會更早發現的這些異常變化，其實很早之前就開始出現了。

遷回這裡大約兩個月左右，父親病倒了，由於模樣異於往常，隔天看了醫生便即刻住院。不是因為狹心症的老毛病，而是貧血的狀況惡化了。結果在完全不知道為何貧血的情況下，進醫院住了兩個月。住院期間接受腦部MRI（核磁共振）檢查，診斷出罹患了阿茲海默型的失智症，看了影像，確實整個腦部和海馬迴都萎縮了。

由於是身體上的疾病，只要檢查結果沒有改善，主治醫師應該是不會准許出院的。可是我想，當時要是自己對失智症有更多認識的話，可能會在症狀穩定下來就立即讓父親出院。不過，父親住院期間還得了肺炎，所以長達兩個月的時間也並非白費。說起來，倒也不是因為這樣而沒辦法與醫生協調早日出院，我之所以沒有那麼做，是因為才剛開始照護兩個月就已經快受不了，心裡想著盡可能讓他在醫院多待些日子，所以就沒有積極與醫生溝通出院的事。雖然每天往返醫院並不輕鬆，但至少父親住院的日子裡，我可以在夜裡安心地睡覺。

然而父親出院後，身體上的衰退似乎已經無法彌補。儘管剛出院時的慌亂很快安頓了下來，但為了回復到之前的狀態，卻花了很長一段時間。後來透過一本書才知道，即使住院只有幾天也會打亂日常生活，造成一些困擾，所以住院這件事必須謹慎以對。

父親出院後，完全忘記他從前一個住處帶來的那隻愛犬。在他住院期間，我每天到醫院，並且早晚也一定到他家裡張羅愛犬的餐食、帶牠去散步。但是沒多久，這件事成了我的負擔，我便把狗交託給妹妹一家人。住院時，我沒讓父親知道這件事。因為到醫院去的時候，他偶爾會聊起類似夢見了狗的事，我猜想，他出院回到家裡，要是見不到那隻狗，應該會發脾氣吧？心裡還苦思著不曉得該如何對他說明狗兒不在家的事，卻發現父親出院回家後，堪稱是他晚年生活伴侶的這隻狗，已經徹底從他記憶裡消失了。

雖然聽說過父親遷回這裡前的種種異常變化，但是像這樣清晰顯露於他身上的異狀，在他住院前的兩個月還不曾有過，我是直到他出院後才頭一次親眼見到。由於他沒辦法一個人購物、打理餐點，所以白天我會到他家裡去。如同一開始提過的，父親的住處，位於從我家公寓步行十五分鐘左右的地方，因此只要有事，我就會過去。每逢一週一次要到姬路的大學講課時，我就會幫父親準備他自己可以食用的便當，留他一個人在家直到傍晚。其實，當時要是對父親的病況有充分的認知，想必是不會讓他在漫長的白天裡一個人獨處。

那麼，要說我對父親的異狀是否毫無覺察，那倒也不是。舉例來說，住院之前他就曾發生過明明才剛帶狗去散步回來，馬上又說要出門散步，或是忘記自己已經吃過飯的情況。

能夠理解父母
真實樣貌的是家人

老實說，最讓我震驚而大受打擊的，是父親完全忘記了我過世的母親。即使試著對他說明，他們曾經一起在這間屋子裡共同生活，他也只是一臉落寞地猛搖頭。

在知道父親對於關係到自身存在都缺乏認知後，之前那些諸如會一再重複買同樣的東西，以及出門之後找不到路，正巧遇上經過的鄰居開車送他回來，還有跟主治醫師或房東吵架等等事件，現在回頭再看，才終於讓我意識到：也許是因為生病的緣故。

儘管記憶方面的障礙，透過簡單的檢查立刻能夠診斷出來，但是類似情感或性格上的轉變，光憑我和父親短時間內的對話並無法了解。共同生活之後，才會開始明白。像我父親，因為他與人溝通對話是相當流暢的，也有人根本沒察覺到他的病症。

住院期間，父親曾發生過半夜離開病房而迷路的事。由於醫院不同於一般生活環境，被迫要經歷一些日常生活外的體驗，即使不是我父親，其他人也一定或多或少陷入慌亂之中。不過，對父親來說，住院這種急遽的環境變化，似乎還是造成了相當程度的擾亂。

出院後要重新回歸正常生活，而我卻親眼見到父親已經無法回復到住院之前的狀態時，心裡便充分了解「失智」這樣的診斷所代表的具體意義。

只不過，即使親眼目睹父親的樣貌不同以往，也經醫生判定是失智症，我還是不願意認定他就是失智。因為在日常生活中與在醫院接受檢查時不同，我會見到他毫無困難地處理一些當初接受檢查時所做不到的事情。

醫生所做的檢查中，會問他類似：「現在是什麼季節？」或「用一百減三」之類的題目，但我卻不認為靠這些就可以對父親做出正確的病情判斷。「現在是什麼季節？」這樣的問題，對一個即使外頭冷颼颼，但是自己卻長期待在暖氣房中的人來說，是有可能答不出來。而且父親後來不只一次在各種場合中被問到「今天是幾月幾日？」其實類似今天是幾月幾日這樣的事情，對於沒有在工作的父親來說，並不是非得要知道才行。

說起來，父親似乎不能理解為什麼會被問到那些問題。在醫生與我父親建立充分的信賴關係之前，即使接受失智症檢查，也只會讓他感到困惑而無法發揮一般的能力。我不認為光憑那樣的狀態下所得到的結果，就可以做出正確的診斷。

因此，我很想說：能夠理解父母真實樣貌的是家人。我們可以透過書籍、網路或是醫生的說明等等，獲得關於失智病症的一般知識，並基於檢查結果觀察父母的狀況，了解父母所罹患的失智症。只不過，對於父母的狀態，家人有時傾向於往好的方面想，或看得不是那麼嚴重，這部分可以說並不是很客觀。讓沒有移情作用的第三者來看，或許比較能夠正確地辨明病症。

我曾經讀過一本書，作者是一名失智症專科醫師，為許多人做過失智症的診斷。他在妻子確診為失智後，才頭一次明白照護有多麼地辛苦。一樣是失智，每個人身上所顯現的狀況各不相同，這名醫師儘管是失智症的專家，或許也藉此了解到妻子的失智症有無法一概而論的面向。可以說這位醫師過去並沒有充分認知——一個人被診斷為失智症，對他的家人來說不是結束，而是開始一段無法預期將持續到何時的照護之路。

太晚察覺病症的理由

總之，在察覺生病這件事情上，經常是晚了一步；不只是在父母的病症上，連我自己生病時也一樣。我在父親搬回來的兩年前，罹患心肌梗塞。明明在那之前已經出現喘不過氣、走不動等等明顯的前兆（發病前的徵兆），卻直到被救護車送往醫院，經醫生告知是心肌梗塞之前，壓根不曾想過這個病名。自己事後再回想也覺得奇怪，明明我對這個病不是一無所知，肯定是不想認為身上出現的異狀，是來自可能致死的疾病，所以要不是選擇漠視事實、對於發生在自己身上的那些狀況視而不見，便是試圖提出一番無關緊要的解釋。

父親的失智症也一樣，醫生的宣告絕對不能算是晴天霹靂，其實應該早就懷疑可能是失智。只是儘管如此，還是無法勇於承認就是失智。所以聽到醫生的診斷時，我頻頻後悔應該要早點察覺到這件事。

不過唯一可以確定的是，如今後悔自己應該早一點讓父親打消獨居的念頭，已經於事無補。雖然問題重重，但也只能慶幸事態沒有嚴重到極點，並且認真思考往後該怎麼辦。現在能做的，也只有這樣了。

父親遺失了過去，連自己如今身在何處都不知道。不論是否生了病，年紀大了之後，或多或少都會出現記憶障礙，希望我們可以想想如何費點心思，不要讓父母在生活上有所不便；更進一步，就算他們不清楚自己現在處於何種狀況，我們要如何提供協助，讓那些事不會嚴重阻礙他們過日子。同時也必須思考一下，怎麼做才能讓「照護」盡可能不成為家人的負擔。原則上來說，畢竟是父母的人生，即使生了病，還是希望優先考慮讓他們活得像自己，同時還要顧及不給家人過重的負擔，或是因為減輕家人負擔而使父母的人格受到輕蔑。

罪惡感讓照護成為苦差事

關於照護這件事究竟有多辛苦，並沒有客觀的指標。以現今的照護保險制度來說，照護的需求必須經過審查，然後依此決定可得到的照護服務種類與時間，有時會出現無法如實反映現狀的結果。其中一項原因是檢查項目不周全，也有可能訪查員一來，平常連今天是幾月幾日，或連自己的年紀都答不出來的父母，竟然都能對答如流。

父親直到訪查員要來之前，還不斷叨念著：「說自己什麼都知道可是不行的唷。」哪曉得一開始進行訪談問答，竟好像演練過似的，流暢到連自己出生幾年幾個月都答出來了，甚至動作看起來也比平常更靈敏。事後來看，由於父親不是喪失記憶，只是平時經常忘記的事，可能在訪查員面前想了起來。

也有正好相反的情形。因為檢查方式不同，不僅結果顯示能力比平常還差，患者也會在不明瞭檢查重點為何的情況下，因為突然被問了問題而答得不好，甚至讓訪查員發脾氣，就和接受醫生檢查時的狀況一樣。

不過這些訪查員都是專家，就算有那樣的狀況，也不會只憑老人家的回答就下判斷。對於父親能夠比平常發揮更好的能力，我雖然感到驚訝與不解，然而比起他辦不到來說，我更希望他可以辦得到。審查結果判斷當事人照護需求度低，對家人來說原本就是值得開心的事，只是當判定為照護需求度低的時候，會讓人因為往後的照護負擔加重而感到害怕，同時也為了自己暗地裡希望被判定為照護需求度高的念頭感到羞愧。對於希望減輕照護負擔的家人來說，訪查的時候如果經判定為不需要照護，或是照護需求度低的話，會感到很頭痛。

前面提過，父親住院時，我希望他盡可能在醫院裡待久一點的事，原本應該衷心期盼父母快點康復，卻因為心裡有另一種想法而產生了罪惡感。抱持這樣的罪惡感，責備自己，可以說是讓照護變成苦差事的一個要因吧。

判定的標準也是個問題，即使還能自由走動，沒有身體上的病痛，在生活上大多方面能獨立自主，可是一旦罹患了失智症就難以照護。我不是很喜歡用「徘徊（漫無目的遊走）」這個說法，不過他們就是一走出家門便回不來，可能去到一個連家人都沒想到的遠處被人收留，或是搭上電車或計程車，這種移動距離可能遠到令人吃驚的地步。當然，並不是說照顧臥床的病人就比較輕鬆。我的意思是，照護這件事究竟有多麼辛苦，是無法拿他人的例子來做比較的，原本就沒有哪一種照護是不辛苦的。

父親在住院期間被診斷為阿茲海默（失智）症。即使知道病名，對家人而言，在病患出院後的照護上其實沒什麼幫助，因為醫生並沒有具體地告訴我們該如何照顧父親。雖然那樣的事也許不該由醫生來負責，我還是希望可以有一個明確的方向知道該怎麼辦；不過醫生之所以只下了診斷而不多說些什麼，說不定也是因為失智症的特徵就是沒有普遍性症狀，所以要提出普遍共通的應對方法有其困難。

針對這一點，後面說明關於居家醫療服務時會再提。其實像居家醫療護理師、寫醫囑的醫生，或是定期來為父親看診的醫生，儘管是在失智症狀難以一概而論的情況下，他們仍然藉由許多具體的實務經驗與知識，告訴我們

「失智症」在日常生活中，會以何種樣貌顯現等等，讓我們受益匪淺。

出院時，院方說有一種叫Aricept（愛憶欣）的藥，雖然沒辦法改善失智症，但可以延緩症狀的惡化，問我們覺得如何。說真的，突然被這麼一問，我們不可能回答說不要吧？「雖然可以延緩失智的症狀，但不能改善。」醫生的這一番說明，充分地讓我們一想到出院後的日子就心情低落。我們在父親被宣告為失智症時的心情，與當初母親的主治醫師說她是腦中風且不可能復原時是不同的。母親當時是瀕臨生死關頭，醫生說要有心理準備，而我們也都有所覺悟。然而這種即使不至於立即致命，卻已經可以料想不會康復的情形，或是說，在這種即使不會立刻喪命，卻像是等待他死去的狀況下進行照護，而且不知將持續到何時的情況，使我感到非常不安。

知道病名是有好處。對執行醫療的一方來說，可以決定治療方式。失智症有各式各樣的種類，如果誤診，用了錯誤的處方，病情當然也無法改善。

對照護病患的一方也有好處。即使不是失智，而是發燒或頭痛，如果知道症狀是因為何種疾病引起，而不是原因不明的話，就可避免無謂的擔心。說起來，知道難以治癒雖令人感到不安，但心情上卻遠比找不到病因好得多。

此外，經診斷為失智症後，對於之前在我們眼中盡是做一些奇怪舉動的父母，就能有不同的看法。知道父母那些令人費解的行為，其實是因為失智的話，雖然不能因此使他們的行為有所改善，卻能讓我們諒解。儘管有些時候不是那麼容易斷定一切行為都是因為疾病所造成。

然而，不論是由哪一種疾病所引起的，症狀依然還是問題所在。如此說來，假使症狀是由於腦部病變所致，家人難道就只能對父母的行為袖手旁觀，什麼也做不了嗎？其實必須試著想想看，有沒有哪些是家人能做的。

應該與年邁的父母建立什麼樣的關係？

另一方面，前面提過，原本就沒有哪一種照護是不辛苦的。當然也有些人，不論他們對父母的照顧看來有多麼辛苦，他們也從不將這些掛在嘴邊。由於照護這件事的辛苦程度並沒有客觀尺度可以衡量，也無法與他人做比較，我認為大可以毫不客氣地坦承沒有哪一種照護是不辛苦的。

只不過，本書中我想要探討的是，照護確實很辛苦沒錯，但是要怎麼做，才可以盡可能為負責照護的家人減輕負擔。在照料父母的現實生活當中，如果能夠理解他們的言行舉止，並適切地應對，就能避免引發無謂的紛爭，所以書中也會談到一些必要的心理準備。隨著了解如何面對照顧父母、如何看待他們的心態，即使每天面臨同樣的狀況，也會感覺到照護的負擔變輕了。而且不只限於失智症，如果知道以孩子的立場與高齡父母互動時，該建立什麼樣的親子關係，就能改善這段關係。即使醫生表示失智症無法治癒，但改善彼此關係對於失智症的好轉（至於這是什麼意思，就是接下來的問題了），還是有幫助的。

照護絕對不是輕鬆的事，但光是嚷嚷著很辛苦，也無法突破現狀。既然逃避不了，就只有選擇面對。可是，不必因此而帶著悲愴的心情去面對，更何況眼前照護父母的這段過程就是真實的人生，並不是等到它結束後，自己的人生才會開始。且讓我們逐步探討，應該如何看待這件事。

與父母的關係將延續到最後

因為孩子的問題前來諮商的人，有時到最後才發現非解決不可的，其實是自己與配偶，或是與公婆（岳父母）之間的關係。再怎麼給父母添麻煩的孩子，終歸要獨立。說得極端一點，就算有什麼問題，與配偶分手也不是不可能。諸如與公婆（岳父母）之間的關係，也常成為諮商的問題點，其實配偶的父母原就是外人，這樣的人際關係從一開始就是有距離的。

但是自己與父母之間的關係裂痕，是不論你再怎麼改善與他人的人際關係，到最後還是會遺留下問題。與自小就一起生活的父母，那層關係比起跟其他人都近，也因此，一旦出了狀況便很難修復。

以上是關於整體關係的部分，至於照護

方面，當然不論是照顧公婆（岳父母）或是自己的父母，都很辛苦。我母親當年就是辭去工作，照顧婆婆（也就是我的祖母）很長一段時間。還是小孩子的我，沒有聽母親說過她的辛勞，只記得好像有說到祖母是從樓梯上摔下來，傷了腦部神經，現在想想，祖母恐怕也是失智症。

祖母臥病在床後沒出過房門，所以我很長一段時間都沒見過她，而且進去她的房間會讓我感到害怕。其實祖母在病倒之前非常疼愛我，或許我是因為覺得她變成了一個我不認識的人，不想接受那樣的事實吧，而祖母後來就那樣在家中過世了。我直到開始照顧父親之後，才明白母親當時的辛苦，心裡感到很羞愧。

父母身體硬朗的時候還好，一旦需要人照顧時，即使孩子已經不再與他們共同生活，還是不可能棄之不顧。很多時候也可能為了方便照顧，而開始住在一起吧？如此一來，家人之間的關係就會產生變化。

鷲田清一（哲學家）曾描述，詢問高中生對祖父母的印象時，回答說：「家人，也是讓父母關係變得很奇怪的人。」這樣的學生增加了。（鷲田清一《咀嚼不完的想法》（噛みきれない想い，暫譯））

以我父親來說，雖然沒有與我們同住，但因為搬回我住處附近的老家，白天為了照顧他，我會去他家裡；假日的時候，我太太也為了要協助照護而不在家。僅僅是這樣，就已經對家人之間的關係產生影響。雖然女兒對於祖父必須要照顧的事情，沒有過任何怨言，但是她會聽到我和太太談論我父親的事，過去因為他住得遠，日常話題裡很少提到他。至於我因為疲累而焦躁不安的狀況，女兒應該也都看在眼裡。

不過，並非「祖父母」讓「父母關係變得奇怪」。如果真是如此的話，問題就簡單了，因為夫妻倆為了父母的事情一有爭執，都可以歸咎到父母身上。話說回來，父母親需要照顧的事，雖然無法不對家庭關係造成影響，卻不是「必然」會使關係惡化，這件事只不過是促使家庭關係產生變化的一個機緣，相反地，也有家庭關係是因此而變好的。

舉例來說，假設夫妻關係早在照顧父母之前就已經不好了，單方（或雙方）都想要解除這段關係，於是「照顧父母」、「使家人因此感到負擔」，就成為夫妻分手時必須存在的理由。這種時候，就是因為夫妻關係有狀況，而非得將照護當成不得了的大事不可。

親子關係性質所導致的照護難題

然而，即使沒什麼特殊理由，必須將照護當成不得了的大事，原本照顧父母就或多或少會影響家庭關係，也會改變照護者的人生。

我曾經也想過，現在明明是最能夠一展所長的時候，卻非得照顧早在二十年前就退休的父親，實在沒道理。如同一開始所提到的，我在父親搬回來之前因為心肌梗塞而病倒，並因此有很長一段時間沒有外出工作。由於正好是在我恢復元氣，打算像過去那樣外出打拚的時間點上，更是讓我有著這樣的想法。儘管是照顧著父親，但因為不是工作，當然也不會有酬勞，就如同做家事不會有報酬一樣。所以那些必須照顧公婆的太太，被丈夫視為理所當然而心生不滿，有時甚至會嚴重到變成「因照護而離婚」。丈夫因為父母需要照顧，所以認為由太太來做是天經地義的事；說真的，如果有哪些太太難以接受這樣的想法，也實在不足為奇。

某天的電視節目上談到了憂鬱症，提起「經歷失落（loss）」這個字。其中說到有位女明星為照顧腦中風的丈夫，無可奈何辭去了工作，後來這件事成為她自己生病的起因。偶爾也會在各報導中，看到有人因為照顧父母而疲累到選擇自殺，或是子女殺害父母的事件。每當看到這樣的報導總讓我耿耿於懷，因為連我自己也無法斷言絕對不可能做出同樣的行為。

我認為，照顧長年相伴的伴侶與照顧父母是不一樣的。青山光二在九十歲時寫了一本小說《哀悼吾妹子》（吾妹子哀し，暫譯），藉以描寫罹患阿茲海默症的妻子。這作品與其說是以照護為主題，不如說是一本出眾脫俗的愛情小說。

應該已經失去記憶，反覆出現失禁、遊走等狀況的妻子，某天不經意脫口而出的一句話，讓負責看護她的丈夫杉圭介，重新找回兩人年輕歲月裡的愛意。

「這麼說來，我的名字不知道是叫什麼呢？」

「傷腦筋了。你到底叫什麼名字呢？」

「不過，名字這種東西根本就不需要。」

「因為我呢，就含括在這個叫做杉圭介的人裡面啊。」

「瞧你這話說得像個哲學家似的。」

「你，曾經是個哲學家沒錯吧？」

讀了這本小說之後，我覺得夫婦之間的照護狀況如果是像這樣，說不定我們對於照護的抗拒會小一點。當然，意思不是說夫婦之間的照護就輕鬆愉快。姑且不論夫妻兩人年老之後還有著強烈羈絆的狀況，如果彼此關係已經瀕臨破滅的危機時，照護便成為折磨人的事了。

子女必須照顧父母的時候，不見得是處於喜歡或尊敬父母的情況下。倘若如此，別說照顧了，可能連見面、甚至是待在同一個空間都不願意。

所以，要不是對父母有著源源不絕的愛，照護這件事想必會讓人極度抗拒吧？而且正如同上野千鶴子所指出的那樣，曾經掌控威權的父母，心理上無法接受自己成為需要他人照護的無能為力狀態。（上野千鶴子《年老的準備》（老いる準備，暫譯）」

就子女的立場而言，他們也可能覺得：父母完全不記得那些親子之間痛苦糾葛的日子，實在難以原諒。我認為，「珍重父母並與他們在需要照護之前，已經建立良好關係」的狀況，和「彼此之間遺留許多應該解決而沒有解決的問題，卻迫不得已要照顧父母」的情況相比，在照護上的心理負擔是不同的。這部分後面還會提到，不過要先簡略說明的話，姑且不論過去的親子關係如何，雖然只能當作沒發生過，但相信有許多人認為不容易做到。

放心不下父母

之前覺得父親身體還硬朗，自己一個人住沒問題的時候，我從來不曾打過電話，也沒有惦記過他。但自從父親開始需要人照顧後，整個大逆轉，我必須時時掛念著他，而這也使得照護成了苦差事。

白天完全由我去為他打點吃飯等大小事，晚上就他自己一個人獨居。飯後，確認父親已經睡了我才回家，但通常問題都發生在那之後到隔天早上這段時間。我到他家裡，早一點的話是七點半，最晚不超過八點，不過他起床的時間比這還早。

由於父親變得沒辦法自己設定空調，有一天，我把遙控器放在他拿不到的地方才離開，結果夜裡變冷了，他便爬上桌子把裝設在高處的插頭拔掉。爬到桌子上這種離譜的事，會讓我覺得，白天那麼小心翼翼盯著不讓他跌倒根本是枉然。還有，他會在半夜拉開四處的抽屜，從裡面拿出各式各樣的東西，然後就那麼丟著繼續去睡覺。像這樣的事，等我去他家的時候，他已經完全不記得了。因為時常發生這類狀況，所以我晚上回家後還是一顆心懸在那裡，無奈地想著他現在不知道又在做些什麼。

早上我到的時候，父親幾乎都在睡覺。他是自己先起來換好了衣服又繼續睡，然後電視機就那麼大聲開著沒關。一到父親家，立刻聽到從他房內傳來的電視聲響，會讓我感到安心；但如果開了玄關門卻靜悄悄地，聽不到往常的聲音，我就會害怕打開他的房門。當他熟睡時，我會擔心他有沒有在呼吸，確認他胸口有著起伏，我才鬆一口氣。由於這種緊張感很磨人，休假日的早上，太太陪我一起去的話，擔心的壓力便減少一半。

父親做出這些意想不到的行為，讓我焦躁不安，也時常因為不明白他為何這麼做而生氣。可是這些就算事後提出來問，他也不記得，所以一點意義都沒有。

早上非得到父親家裡去，也是一大問題。由於我不去的話，他就沒辦法吃飯，所以不可能因為今天覺得累了就不去。不論是酷暑寒冬、清明還是過年，一概與父親無關；我也一樣，不會因為是假日就可以鬆懈喘口氣。

我總是想，希望有哪天可以不要設鬧鐘，好好睡個覺。雖然曾經委託照服員，抽空回家小睡一下、消除疲勞，但是非得設定鬧鐘，在一個小時後起床，真是痛苦。

有些與父母同住的人，據說夜裡只要聽到他們去上廁所就會醒過來。以我來說，因為父親在晚上是自己一個人住，雖然我只要一想到「他不知道什麼時候會發生危險」就定不下心，但因為不曾遇過「他上廁所我就得要醒來」，倒是讓我感到慶幸。

不過，一決定要進安養機構，父親馬上因為腰椎壓迫性骨折而住院。他是在半夜裡跌倒。當時我只覺得，自己為了不讓他跌倒骨折，一直小心翼翼到近乎神經質的那些努力，根本白費工夫。

為何自己一個人承受？

每當看到與照顧父母相關的事件報導，我總是想：為何他會自己一個人承受，難道沒有人可以代替他去做嗎？但現在我明白了，姑且不論短時間的暫代問題，「事實上」他應該就是處於無人可代替的狀況下，有可能代替和真正可以代替是不一樣的。孩子還小的時候，我岳母總是說，有需要的話，她隨時可以過來幫忙。幸好孩子們幾乎沒有發生過類似突然發燒這樣的狀況，但曾經因為孩子病了，我卻偏偏得去工作，心裡盤算著是該聯絡一下岳母來幫忙，結果她卻說因為手邊有工作，臨時通知她，很難安排。只要有過一次這樣的經驗，就會覺得岳母並非可靠的求助對象，也就不會想著要仰賴她了。

雖然大家都會說：「不是應該多向他人求助嗎？」事實是這樣沒錯，但即使心裡這樣認為，現實生活中有些事情還是旁人無法代勞的。周遭的人會說些類似「又不是只有你一個小孩」或是「還有其他兄弟姊妹啊」這樣的話；可是實際上，不是每個孩子都有辦法照顧父母。如果住得遠，就很難照顧得到，或是派駐海外的人，也是一樣沒辦法。提出無法照顧的理由，就像選家長會幹部一樣，說不出任何理由可以推辭的人，就會被選為幹部。幹部通常頂多一年就可以卸任，照護的職責卻不是這麼一回事。

想到應該有人比父親還嚴重，也是讓我一個人扛下照護職責的原因。我會想：「雖然白天要盯著，但是晚上他不是可以自己一個人嗎？」或者「他又不是癱在床上，如果這樣的照護就喊累的話，那些更辛苦的人會怎麼想？」等等。還有，「雖然他沒辦法自己做飯，但只要幫他準備好了，根本不用我的協助就能自己吃得很好啊。」一想到這些，便覺得自己怎麼可以因為這麼一點事就叫苦。

可是，如同前面也看到的，實際上不論對象需要接受照護的程度多寡，照護在任何狀況下都是辛苦的。我認為，大可以坦率地承認這件事。在照護上與他人做比較，毫無意義，因為不論任何狀況必然有其辛苦之處，並不像照護需求鑑定，或申請安養機構時所做的檢測，可以用分數來辨別照護的需求度。

這當中，有些人認為「照護」這件事，只能自己認命去做，而一個人扛著。上野千鶴子用了「逞強式照護」這個說法——「似乎愈是執拗逞強地在做照護這件事，愈傾向拚了命做到最好的態度，給自己加重負擔。」（《年老的準備》（老いゐ準備，暫譯））。

上野說，雖然女性站在「媳婦」的立場，會以這種「逞強式照護」來束縛自己，但是照護自己的父母時，卻不會如此鑽牛角尖。其實我雖然是兒子的角色，卻也無法在照護父親的這件事情上撇清「逞強」的部分，所以無關性別或立場，採用「逞強式照護」的人想必很多吧。

使用照護服務，或是讓父母進入安養機構的確很花錢；再來，也有人認為自己照顧會比讓外人照顧好得多，可是長期下來是很辛苦的。我可以想像，這就類似現在仍然有人認為「小孩在三歲之前不該交給別人，應該要父母自己帶」的想法一樣。

不過，照護很辛苦這件事，由於我自己有著深刻的體會，請原諒我斗膽說出一些重話。即使是執拗逞強式的照護，如果可以把父母照顧好當然沒問題，但如果自己一個人扛下，到了無能為力、被逼入困境的地步，以至於變成棄之不顧時，不免遭人指責沒有責任感。希望在演變成以那種方式放棄之前，可以認真考量一下，即使不是全部也無妨，將部分照護的擔子委託他人，並善用照護服務。

為了不讓照護成為苦差事

執著於「逞強式照護」或抱怨照護的辛苦，甚至最後完全棄之不顧，之所以會有這種過於勉強的狀況出現，是因為照護者只考慮到自己的緣故。也許有人會覺得我說得太不留情面，但為了超越一般認為照護很辛苦的這種想法，無論如何，都必須以異於普遍說法的思考方式去設想。

抱怨照護很辛苦是有原因的。其中一項前面也提過——是為了當成夫妻關係難以存續的理由。為達成目的，不論實際的照護狀況如何，都會拿照護很辛苦這件事來指責對方，藉此使雙方關係惡化。

另外，有人會說自己明明已經為父母做了那麼多，可是父母還不滿足，只會抱怨。這樣的做法就好像在向外人告狀，說自己父母的不是。這樣做的話，並無法改善與父母之間的關係吧？不論過去的關係如何，要讓照護不成為苦差事，就必須與他們有著良好關係。即使過程不會因此而變得輕鬆，但至少不要讓照護成為苦差事。

為此，接下來要思考該怎麼做。目前我是這麼想的——照顧父母，的確當事人所承擔的辛勞，比起袖手旁觀者感受到的要多出好多倍。如果照護是無可避免的，那麼就不要逃避，坦然面對父母需要照顧的事實，盡可能讓自己輕鬆愉快地去做。只是不能因為這樣，就要父母完全配合子女的安排，導致他們的不自由與不方便。

思考怎麼做比較好之前，下一章先來看看失智症究竟是什麼樣的疾病。

照護休息站

- 與父母之間的關係，不同於他人，將延續到生命的最後。
- 不要逞強，別害怕向人求助。
- 照護雖然會影響家庭關係，卻不「必然」使關係惡化。

Chapter 2

並非忘記，而是過去會改變

理解老化症狀，協助父母賦予自我價值

「忘記」的意思

所謂的失智症，簡單來說，就像是在桌上進行某項作業時，空間變得狹小的狀態。於是就連要攤開一本書，都得先將桌上的東西收拾一下才行。當空間變得狹小，只能放置無論如何都必須用到的東西時，就必須將目前不必要的東西收起來。之所以會忘記剛剛才做過的事，就是因為作業空間變得極度狹窄的緣故。

不只限於失智症，當我們完全專注於某一件事情時，就會忘記其他事。心裡想著事情時就是這樣，或是像正在炸天婦羅時，突然有訪客，到門口招呼客人，卻忘了廚房裡的東西，結果引發火災等狀況也是一樣。

關於「忘記」這件事，我看我父親的狀況，似乎並不是真正忘記了；不過，不是忘記，而是原本就不記得的這種說法也不恰當。因為大多時候，只要稍微開個話頭他就能想起來，只不過即使像這樣想起過去的事，若遇到其他優先該做的事情出現，他似乎會再度將原本那些給忘了。

剛才那個作業空間的比喻如果不容易懂，也可以用「無法同時處理多件事情」來說明。我們操作電腦的時候，可以同時開啟多項應用程式，並切換進行各項作業。這種時候，應用程式之間只是交互切換，而不是為了使用其他程式，就必須先關閉現在正在用的程式。能夠不關閉多項應用程式，而只是交互切換的話，作業起來很簡便；但如果要用其他程式之前，必須先關閉現在所用的程式的話，不只麻煩也很費時。我父親的狀況，就可以用這種「無法同時啟用多項應用程式」來做比喻。

如此想來，與其說是遺忘、記憶消失了，看起來更像是記憶被壓縮了。藉由這樣的方式，清出了作業的空間。由於記憶沒有消失，只是被壓縮而已，必要的時候可以再次解壓縮。

因為他們的作業空間像這樣變得狹窄，難以一次記憶多樣東西並採取行動，所以保持日常生活不要有太大的變化是很重要的。

這裡所說的變化，並不是像到了四月天氣好的時候去賞花這種事，而是比方說，以我父親為例，搬離之前的住處、住院，就是生活上的重大變化。當然，住院是萬不得已，搬家也是為了照護的關係，所以實際上要維持沒有變化是不可能的。只是至少事先要知道，環境的變化，多多少少會讓父母感到困惑慌亂。

環境的變化，會讓父親具備某些必須的知識，以適應新狀況，為此，也會忘記之前記得的事。由於他需要這麼做以適應醫院的生活，但一出院，就得再花些時間去適應原來的生活。父親出院的時候，忘了之前一起搬來這裡的那隻狗，同樣可以用這個說明來解釋。住院期間，為了能在醫院裡順利過日子，原本在家的那些記憶就得要壓縮、擱置一旁，出院後，只要忘記醫院的事，並回想起之前的那些就可以。所以實際上，他在出院後一個月左右，再回到原來的醫院複診時，已經徹底忘記之前住院的事了。

何謂失智症？

為了解失智症是什麼，我查閱了一些書籍等相關資料，上面的說明是「由於腦部器質性障礙使得智能低落，難以處理日常與社會生活」。

像這樣的智能與認知功能低落，問題根基於腦部的器質性障礙。實際上可以透過CT（電腦斷層掃描）或MRI（核磁共振）等影像，診斷看到整個腦部及海馬迴的萎縮現象。由於失智症的最根本是器質性障礙，一般認為是不可逆，也就是無法治癒的，但是近來也有復原的案例。關於這個疾病，未知的部分還很多。

失智症集結了各種症狀，如同之後會再說明的記憶障礙、理解判斷障礙等等，特徵就在於症狀無法概括而論，應對方式也因人而異。即使有記憶障礙、理解判斷障礙等症狀，也有可能罹患的是其他病症。其區分之細微，實在難以完全囊括在本書中。

我父親是透過MRI診斷為阿茲海默症，同時還看到之前腦中風的痕跡，我認為造成他失智的原因，不排除腦血管障礙的可能性，不過這方面的診斷也只能交給專家。會引起幻覺的路易氏體失智症（DLB）和阿茲海默症的治療方式就不相同。

失智症的症狀分為核心症狀與周邊症狀。

核心症狀包括了「廢用症候群」（disuse syndrome），醫學上指稱原本身體功能並未低落，卻因為不使用而導致低落的狀況。正如同腦中風等疾病所引起的癱瘓，若持續臥床不動將使肌力衰退一樣；一個人住的話，與人互動少，也將使認知障礙狀況變得更嚴重。關於這部分，後面會再提，一般可以善用日間長照服務增加人際互動，症狀將有可能改善。

除此之外的核心症狀，還包括記憶障礙與理解判斷障礙等等。

記憶障礙與危機感

關於我父親，這麼一回想起來，他老早就開始抱怨自己很健忘。然而無論是他還是我，只覺得年紀大了，或多或少記性都會變差，完全不當一回事。

以健忘來說，相關說明提到：當事人自覺這樣的狀況造成生活不便時，如果對此採取了應對，則不算是疾病，總而言之，也就是有著「病識感」（對自己的疾病有自覺）。

父親提到自己的記性變得很差，是在很早之前。當時我對他說：「你會注意到自己忘記了的話，還不錯。」然後他也回答我：「對啊。可是說不定有什麼事情是我忘記了，而且也沒注意到的，那才可怕。」

關於自己知道、不知道的這種記憶是

「後設記憶」（metamemory），〔小澤勳《何謂失智症？》（認知症とは何か，暫譯）〕。失智症，就是在後設記憶的部分出了問題。當事人不會意識到自己忘記了什麼，也不知道自己想不出忘記了什麼的這件事。如此一來，即使出現了記憶障礙，也不會像父親之前那樣有危機感。

搬回老家之後，父親雖然也抱怨過自己的健忘，對於記性差感到困擾，但如果沒有積極叮嚀他寫在記事本上以免忘記的話，他就沒辦法養成這樣的習慣。不過，由於並不是他自己感覺有需要而開始去寫，所以隔天就忘得一乾二淨了。

看看父親的狀況，的確是記性很差，連剛剛才說過、做過的事都會忘記；可是仔細觀察，他的記憶、遺忘並不是完全無跡可循。

記憶，可以區分為記住某些事情或知識（銘記）、留住不忘（維持）、提取留下來的訊息或是回想起來（重播、回憶）等部分。

以我父親來說，可以確知的是，他會忘記那些辛酸或丟臉的事。所謂辛酸的記憶，也就是妻子（我的母親）亡故這件事。由於母親過世的時候，父親才五十多歲，說起來，人生中失去伴侶的日子更長一些。父親與母親共度二十五年的歲月，當他回到我和妹妹出生、成長的這個老家時，已經完全不記得我母親的事了。

我覺得，像人家常說的「就算不記得最近的事，也會牢牢記住過去的事」，那種說法並不正確。雖然父親還記得戰爭中的事，可以解釋「母親過世」對父親來說還不算是古老的「過去」，但想必就父親的立場而言，回想起年紀輕輕就離世的妻子，是一件辛酸難過的事吧。當然，如果以前面說明的區分方式，他與我母親共度的日子，不能不算是「銘記」的部分，只是看起來在「回憶、重播」的這個部分起了作用，使父親不願回想起與母親的記憶。剛發生的事情也一樣，大家會說因為沒有銘記下來，所以不會回想起來，可是僅就我對父親的觀察，似乎並非如此。

父親會忘記的事情還有一種，大概就是他覺得丟臉的事吧。因為他有排便困難，所以在每週兩次的居家醫療探訪時，護理師會幫他浣腸。儘管護理師花了很多時間幫他通便清理，他還是立刻就忘了這回事。過程中他並沒有睡著，還和護理師說了話，卻完全不記得，而護理師離開後，他就那麼睡了。如果是在午餐前的話，多半不用叫他也會自己醒來，只是這時候他已經徹底忘記護理師來過，還幫他浣腸的事了。跟他提起護理師來探訪的事情，他也只會回答說：「是嘛？我不知道。」我曾經聽他向護理師提起：「浣腸是最痛苦的時候。」父親不是想不起來，而是不願意回想起來。

有一天，父親很罕見地大便比較稀，所以自己排便了。因為當時我在，就協助他清理善後，結果平常會忘記護理師有幫他浣腸的父親，卻記得這件事。原本以為父親自尊心強，或許會因為兒子幫他做這些事，感到難堪而忘記這段經過，沒想到那天他卻說：「我今天肚子好像怪怪的，不吃晚飯了。」勞煩護理師的那些事雖然忘了，由我出手協助的這部分，直到傍晚我要離開時都還記得，想必父親是因為不想再讓我插手，才說不吃晚餐的吧。

父親的思考其實並不總是這樣不合邏輯，是否可以算是記憶「障礙」，實在很難說。

並非忘記，而是過去會改變

前面所說的那些，並不會只發生在失智症患者身上。每個人都活在各自賦予其意義的世界裡。不是認知並記憶所有的一切，而是只認知並記憶對自己有意義的事物，進而遺忘。有時候自己所賦予的意義是蠻橫的，甚至對於明明應該清晰可見的狀況，只因為與自己意見不一致便視而不見。

不論是遙遠的過去還是最近發生的事，要不要回想起哪些事，都取決於如何看待這個世界和自己，並由自己做決定。將這個世界視為恐怖的地方，認為身邊的人都很可怕的人，只會想起一些能夠為這種想法撐腰的事證。

由於父親已經沒辦法再獨自過日子，為討論之後的生活該如何安排，而去到父親家的那一天，我還記得很清楚。滿頭白髮、駝著背，走起路來顛顛晃晃的他，和過去孔武有力的父親簡直是判若兩人。

小時候，我曾經被那樣的父親毆打。到底我說了些什麼惹惱父親，我已經不記得，不過當時我害怕到鑽進桌子底下，然後被拖出來繼續打。從那之後，我一直對那樣的父親感到害怕並躲著他。

傷腦筋的是，這件事情沒有目擊者。由於父親恐怕也不記得了，這下子，連是否有過這回事都說不清了。

然而，我之所以長久忘不了這段被毆打的記憶，並不是因為有過這樣的事而討厭父親、躲著他，事實上是因為「我不想維持與父親之間的關係」，便以被父親毆打為由，不時回想起這段過去。

過去也會改變。儘管已經發生的事無法淹滅，但只要改變對這件事所賦予的意義，過去也會改變。

曾經有一名男子，回想起小時候被狗咬傷的經驗。當時同行的朋友一見到狗衝過來拔腿就跑，所以都沒事。而他想到母親平時就會叮嚀：遇上野狗（現在似乎已經不常見。除了單獨在路上晃盪的流浪犬之外，從前在外放養的狗也很多），只要一跑，牠就會追上來，不要跑才是正確的。他為了要聽話，反而被狗在腿上咬了一大口。

從那之後，他便受制於「這個世界是危險的」這樣的想法。比方說，在報上讀到有關愛滋病的報導，立刻就懷疑自己該不會是受到了感染，或是擔心在外面走著，說不定會有飛機掉下來等等。

可是，這個人並不是因為被狗咬了，才認為世界是危險的、他人所說的話不可以相信。事實上，是他（當下）心裡想著：世界是危險的，他人是只要一有機會便會陷害自己的可怕存在。所以才從過去無數的記憶中，回想起足以佐證自己想法的那些經歷。

相反地，如果這個人（當下）能夠改變他對世界或他人的看法，想必所說的內容又不一樣了吧。話說剛才描述的這件事，到了「被狗咬」的部分就中斷了，如果這整件事不是杜撰的話，現實生活裡所發生的事，應該不會到了「被狗咬」的部分就結束。然而他卻想不起事件的後續發展。

直到有一天，「忘掉的部分，我想起來了！」他說出後來所發生的事。

正當他因為被狗咬而哭著的時候，據說一位騎著腳踏車的陌生叔叔帶他去了醫院。相信各位看得出來，這件事加上這段話之後，是完全不同的狀況吧。儘管被狗咬的事實無法更動，但事情的意義卻改變了。

也就是說，即使遭遇恐怖時刻，還是有人會幫助自己……由此可尋得對世界與他人的信任感。要說到為何會產生這樣的變化，那是因為這個人的看法有了改變。由於他開始能夠抱持著「這個世界並不危險」、「他人也不是會陷害自己的恐怖人物」的想法，在記憶中搜尋足以佐證的經歷時，對於同樣的事件有了不同的看法，並回想起可能賦予其他意義的那段經過。

如此一來，可以說過去也會改變。父母或許看似忘記了過去，但如果他們可以像那個被狗咬的人，回想起後續發展一樣，不要認為（當下）世界很危險，旁人也不是可能陷害自己的敵人，而是知己、夥伴的話，可以想見，將在過去無數的記憶中，留下與這些看法一致的部分。

如同對世界與他人的詮釋，人們對於自己也有著各式各樣的看法。任何人只要活著，必然無法閃避那些需要解決的課題（一般稱之為「人生的課題」），也就是工作、交友與愛的課題。有些人會認為自己沒有能力解決這種「完全以人際關係為主軸」的課題。

要說人類的煩惱全都來自於人際關係的問題，一點也不為過。人際關係就是如此棘手的難題，而且因為無法自己獨活在這世上，如果試圖逃避與他人的關係，是解決不了問題的。

對世界與他人的詮釋，其實關係到自己是否有能力解決課題的看法。為什麼呢？因為要是將他人當作敵人，就不會想要與他們有瓜葛。其實認定「這個世界很危險」、「他人不是夥伴而是敵人」的人，是為了不要與他人有所關連才那麼想。

關於「過去的記憶會改變」這個說法，我們還必須知道一件事，也就是——其他的東西只要我們不喜歡，都可以做替換，但唯獨我們自己是無可取代的。所以至少要設法接納現在的自己；真正能夠毫無顧忌說出「我喜歡自己」的人並不多。

在哪種狀況下能夠認定自己的好呢？說得消極一點，能夠認為「即使是這樣的自己還是有可取之處」的話，相信就不會覺得自己沒用，而是可以對誰有些貢獻吧？然而只要在視他人為敵人的狀況下，應該是不會想要為他們付出些什麼的。

關於父母也一樣，即使他們打從年輕就不懂得那麼想而長到這個歲數，只要我們給予適當的協助，父母對於他人的看法還是會改變。過去的記憶，就如同前面提到的那個狀況一樣，會有所改變。這樣的變化，在子女看來或許只認為他們是忘記了，不過，實際上是他們對於自己和世界還有他人的看法改變了。因此，能夠具備「這世界並不危險」、「他人都是夥伴」這種想法的父母，已經沒有必要回想起過去那些與現今想法不一致的經歷。

如何做才能協助父母具備那樣的想法，接下來會說明。要預先提示重點的話，也就是可以協助他們：即使到了身體無法如同年輕時那樣活動自如，記憶力和其他各項能力都逐漸衰退的時候，仍然可以感受到自己對他人有所貢獻。

忘記重要事項有其意義

哲學家鶴見俊輔說：老邁是個過濾器「《鶴見俊輔：歷久彌新的思想家》（鶴見俊輔：いつも新しい思想家，暫譯）」。父親不記得與我母親共同生活的那段日子，旁人會判定這是未經適切的過濾，說他是記憶障礙，給他安上一個失智症的病名。不過，要是判斷父親是因為不想要感到難受，而不去回想我母親的事，那麼，不記得她的這個狀況也就有道理可循。

在旁人看來，與母親共同生活這件事，應該是不會忘記才對，然而之所以忘記這種重要的事，也可以解釋為父親認定這麼做對自己是有益的、是「好事」，不能貿然就以病症來看待這件事。如果輕易就能忘記難過的事，可以說日子會比較好過，但實際上不論是什麼樣艱辛難過的事，都相當難以忘懷。一直都忘不了的話，活著便是痛苦；單就這一點來說，能夠忘記難過的事，甚至可以說是失智症所帶來的好處。

提起失智症，我們會將焦點完全放在「忘記」的部分，其實應該也有些沒過濾掉的記憶。他們對過去的事記得特別清楚，經由和父親談話的經驗，我認為這不只是因為腦部損害，應該也是他們想要記住當時的那些事吧。

必要的時候，父親還是有辦法想起一些事來，這是為了讓當下的自己感到開心。他最近常常想起「以前的家」。細問之下，那是他從兒時一直住到婚前的那個家。當我們問他：「那個家現在怎麼樣了？」他會一臉哀傷地回說：「已經不在了。」不過他對那個家還有周邊樣貌的記憶鉅細靡遺，簡直到了令人吃驚的地步。想必是他覺得當時的一切可堪追憶吧。我想，能夠有那樣的時代與過往，可供父親回憶，是一件幸福的事。

短期記憶與長期記憶

這是以時間軸來區分記憶。短期記憶大約是一、兩分鐘左右，它和長期記憶之間也可以再劃分出一個新近記憶，也就是幾分鐘到幾天之內的記憶。父親的狀況，如同前面所述，他記不得居家醫療的護理師或照護員。照護員來家裡打掃、備餐，吃飯過程中他們還有對話，可是這一個半小時到兩個小時之間的事，在看護打完招呼回家後，他就立刻忘記了。

長期記憶則是超越短期、也超越時間的記憶。一般認為罹患失智症之前的記憶比較會留下來，發病後的記憶會受到損害，不過以我父親為例，從他不記得我母親這件事就能明白，記憶上的損害並不只限於發病後的記憶。

長期記憶可以分為「陳述性記憶」與「非陳述性記憶」，前者又分為情節記憶與語意記憶。關於何時、何地、做了什麼事，這樣的記憶就是情節記憶，通常失智症被認為是以這部分的記憶障礙為開端。

另一方面，關於單字的意義、事實、概念等記憶，例如被問到「鑰匙」，還有「鑰匙」這個字所代表的用途時，能夠正確回答出來的話，可以說還保有語意記憶。

非陳述性記憶是不透過語言，內化在身體上的記憶。例如切菜切得又快又好、會縫衣服等等就是這樣的記憶。即使罹患失智症，非陳述性記憶也會保留下來。我父親對於晚年才開始的繪畫，有些個人的堅持，我看他從日間照護中心帶回來的著色畫，不是用單色，而是用好幾種顏色塗得很細密。

進入安養機構之後，或許是太久沒人知道父親會畫畫，有一次我在一份給家屬的調查表上，寫了他會畫畫的事，之後他開始有機會畫許多作品，不再停留在著色畫的階段；每一回我去探望他，就會看到他盯著相片畫得很起勁的模樣。帶了我拍攝的小鳥去給父親看的時候，他說：「好像有點難，不過應該畫得出來。」然後用指尖描著鳥兒的輪廓。我還曾經看過他在畫作右下角以英文字母草寫簽名。雖然之前他在家裡也會畫，現在畫的又比那時候更有模有樣了，令人難以相信他在接受失智症檢查時所畫的圖，竟是那樣地樸拙。

另外，健忘又分為忘記部分經歷的良性健忘，還有徹底忘記該經歷的惡性健忘。後者的狀況，一般認為是連一點點記憶都沒有，所以也想不起來。至於前面所提，我父親的狀況似乎是想不出那段經歷，而不是一開始就完全沒有記憶。

遺失過往的父親
希望從頭來過

「關於睡眠，它讓人放心的是我們會從中醒來，而且是在毫無變化的狀態下全身而退。那是因為要將殘夢原封不動帶出來的想法儘管奇特，卻是不被允許的。」〔瑪格麗特・尤瑟娜《哈德良回憶錄》（ハドリアヌス帝の回想，暫譯）〕

父親醒來的時候，會將殘夢帶回來。如果只是情緒的話，不論誰都會在醒來那一刻仍留有方才夢裡所感受到的波動。舉例來說，不想出門的時候，就會做一些讓人醒來不是滋味的惡夢，以支持自己不出門的決心，這種時候的夢境，其實沒有太大的意義。好像夢見了什麼，但到底怎麼一回事，不記得了也無所謂，因為此刻做夢只是為了營造出不舒服的感覺罷了。

有一天父親說：「我做了夢。到底是夢還是真的，我不知道。我想，最近是不是真的腦袋變得有點奇怪了。」

父親說無法區分是夢還是現實，可是通常我們不會分不清究竟是夢還是現實世界。

「到底是什麼夢？」

「應該是在京都吧。明明知道我家再過兩條馬路、左轉就到了，那個交情不錯的電器行老闆娘，卻專程跑出來說我樣子怪怪的，開了車要送我……一回到這個家，有個常出現在夢裡的人，可是我不知道他是誰，我只看得到他側面一點點，他說，這不是你家，你回去！」

父親回到這裡大約半年後的某一天這樣對我說。身體變差進了醫院，再出院已經不記得之前住在哪裡了。之後稍微穩定下來，才慢慢想起一些過去的事。

然而回想起已經忘記的事情，對父親來說是幸福的嗎？實在很難立下斷言。昨天與父親長談，他告訴我：

「（夢中）有人問說：『這是你太太嗎？』我看了一下那張臉，不太確定。」

父親說他不記得我母親的事：「盡是說不出的淒涼。」只是他也不會因為這樣就說：希望設法可以回想起來。

他反倒說：「既然忘記了，也無可奈何。」

然後又說：「乾脆把過去的事全都忘掉，希望從頭來過。」

這應該算不上是放棄吧。即使是忘記，也不是毫無意義地遺忘。我可以理解，就父親的立場來說，因為遺忘過去所伴隨而來的恐怖，想必讓他一想到「不知是否有辦法適切地去應對那些已經忘記的事」，就感到害怕吧。

我是在父親搬回來住的這個家長大的，但是那些事我也不記得。被人家問到從前的事，簡直像在說著上輩子的事一樣，即使人家告訴你「上輩子你是某某人」之類的，你應該也感覺不到對方所提起的名字，究竟跟自己有什麼關連吧。那樣的事，誰也沒辦法證明。

但如果是現在的人生，即使失去了記憶，過去的事幾乎都忘了，還是有證人。或是自己即使不記得了，還是會想要知道自己在遺忘的過去裡是什麼模樣吧。

不過我父親卻不是這樣。儘管試著對他說明，過去他與我母親在這個家生活的事，他的反應卻像是在讀歷史課本一樣。就好像我們讀著歷史課本上記載的事件、年號和敘述的時候，因為事不關己，如果不充分發揮想像力，根本不會有切身的感受。

要是再說到關於證人的部分，比方說，到現在有一件事情只剩我和父親知道而已。我小的時候，曾經去過父親出生成長的老家，那一次，我在家裡被蜜蜂叮了。由於父親已經不記得這件事，於是變成我也無法篤定地說是否真有過那麼一回事。可以說，我父親遺失了過去，所以沒有人證的我，也跟著失去了那一段記憶。見到父母遺失過去之所以令人感到難受，是因為記憶的消失不僅僅是父母的遭遇，也連帶使得與他們共度那段歷史、活在那段時空中的自己被抹去了。

「忘記」的目的

之後還會再提到，我經常與父親起爭執。爭執點總是一些瑣碎的小事，而且當時那種不愉快的感覺會殘留下來。只不過父親向來很快便會忘記那些齟齬。過去發生的那些事也一樣，我始終難以忘懷的部分，如今他一件也不記得了。

父母遺忘了對子女而言那些重要的事，可以視為是他們想要與子女保持良好關係的緣故。至於子女這一方面，並不是因為有過這樣的事，以至於無法原諒父母，所以沒辦法與他們建立良好關係，而是先決定不要與父母和好，才從過去的記憶中，找尋一些可以為自己的決定與行為背書的事件。

父母因為無法拋下與子女的關係，即使在過去，或是當下有些什麼不愉快，也會忘記。忘記的目的，就是為了與子女維繫關係。

對於父母遺忘了過去的事，子女只要這麼去想就行了。也就是說，不必因為自己昨天被父母臭罵一頓，感到不甘心，就刻意又讓他們想起已經忘記的那些事。當然，想要與子女建立良好關係的話，似乎是不要與他們起爭執才好，只不過子女也難保不會意氣用事，所以並不能單純責怪父母。

記憶障礙
也可能不是問題

失智症的核心症狀當中，與記憶障礙並列的另一項是「理解判斷障礙」。這是對於「現在是什麼時候」、「這裡是哪裡」、「這個人是誰」等事項的認知產生了障礙。

誰都會跨越時空神遊。心神恍惚、沉浸於某些事物時，忘記自己身在何方；可是當有人喚醒你時，便會瞬間從一個人的世界回到現實中。又或者半夜突然醒來，儘管一時之間搞不清楚自己在哪裡，隨即就會回神想起來：原來如此，今天是出差到了外地，晚上住在商務旅館裡。

所以這種片刻的混亂，原則上不會有什麼大礙，不過對我父親而言，卻看似有點困難。像是我們不知道自己在哪裡的時候，只要靜靜待著就可以，但是我父親會離開現場。

最初發生這樣的事是在住院期間，他走出病房之後就走不回去了。的確，像醫院這種地方，就算去過很多次，還是會因為裡面的裝設都差不多，很容易迷路。所以父親半夜走出房間就找不到路的狀況，我能理解。

父親之前住的地方，在我妹妹家附近。他不但忘了那個地方，就連他退休後在關係企業繼續上班、一個人在遠方生活的事，還有前面提過的，這個他要搬回來住的老家在哪裡，他都不知道。

有一陣子，他甚至連我妹妹都不認得了。有一天我事先說了妹妹會來看他。他和我妹妹聊了一下，然後趁妹妹離開座位時一臉正經地問說：「那個人是誰？」把我嚇了一跳。

父親也不認得我太太是誰。事實上，他以為我還沒結婚。他覺得週末會去照顧他的人（我太太）是位「性情溫和的女士」。

忘了哪一次到養護中心探望父親，他說：「哇～稀客，好久不見。」然後說他是租了公寓自己一個人住，讓我吃了一驚。接著他又問我：「你結婚了嗎？」「你為什麼這麼問？」「我只是想，你還沒結婚的話，我不能死。」他這麼一說，讓我頓時不知該怎麼回答，要是說我已經結了婚，害他就這麼死掉的話，可就傷腦筋了。

對我來說，類似這樣的狀況，或是前面提到的記憶障礙等等，在照護上不是什麼大問題。忘了剛剛才吃過飯的事，即使糾正父親說吃過了，他也不過就回一句「是嘛」而已，不會衍生其他問題。在空間、地理方位上，甚至是時間上的理解判斷障礙等等，也不會有大礙。我比較需要花時間去接受的，是父親無法理解自己當下所處的狀況。

我父親曾經因為我讀完研究所後，遲遲沒有去工作而發脾氣，但是對於我每天到他那裡去，白天都共處在一起的這部分，他卻沒什麼特別的想法。要回家的時候對他說：「我明天再來。」雖然他也會回我：「麻煩你了。」但是他似乎沒有認知到自己已經沒辦法獨自生活，也為此必須要有人幫他打理餐點，而這些全部都由我來負責，並因此使得出外工作的機會受限制。

我當然知道不可能要求父親理解這樣的事情，也沒想過要他感謝我照顧他，只是儘管如此，還是希望他能確實認知自己的狀況。在知道他不明白如此重要的事情時，雖然他還有辦法在忘記剛做完某件事之後，馬上與人正常溝通，但是我每每想到父親的病況嚴重，就要嘆氣。

正因為受苦才活得像人

父親大致上就像活在雲霧裡，而且看似不知道雲霧之外別有天地。明明總是像活在夢裡一樣的他，狀況好的時候會驀然從夢中世界走出來，像那樣醒來的時候，他會立即變得侷促不安，突然說出要人幫他把存摺拿來之類的話。

這是有緣由的。他是頭髮變長了，打算去理髮的時候想到了錢的事。由於沒辦法管理錢財也是讓他打消獨自生活的念頭之一，所以搬回這裡之後就由我管錢。突然被他問到存摺的事，我吃了一驚。身體狀況不錯、天氣也好的時候，他會說：「我去理個髮。」但是他貧血，很容易喘又走不遠，而且應該不知道哪裡可以理髮，身上也沒有錢。在我們點醒他的當下，父親頭一次意識到了「錢」這件事。

那麼，要說是不是什麼都不知道比較好，應該也不是吧。父親雖然總是不明白，也沒有意識到自己的基本生活狀況，但是要理解自己沒辦法一個人生活，甚至連管錢或其他任何事都做不到的真實面，對父親來說是一種折磨。那樣的現實似乎是不要知道會比較好。

然而，受苦正是人生的寫照，之後我們會再探討所謂康復的意義。康復這件事對當事人而言是一種辛苦，對照護者來說是麻煩，其實這些過程也都可以當成是康復的一部分。

有一本書《輓歌：寫給我的妻子艾瑞絲》（約翰・貝禮著，遠見天下文化出版），是由丈夫描寫身為哲學家與作家的妻子——艾瑞絲・梅鐸的晚年。艾瑞絲在七十六歲左右罹患了阿茲海默症。

「阿茲海默症，就像悄無聲息迫近的霧氣，在不知不覺間徹底抹去你所有的一切，是一種讓人幾乎察覺不到的病症。其後，你將難以相信霧霾外的那個世界還存在。」（約翰・貝禮《輓歌：寫給我的妻子艾瑞絲》）

書中寫到，有一種實驗性藥物可以強烈刺激腦部作用，那樣的藥只在一時之間管用，而且在藥效發作的短時間內，會使患者感到混亂，甚至讓恐懼深植內心。這是否便是父親正在服用的愛憶欣，我不知道。我常常在想，就算不是藥物，那種讓失智症患者看舊相片，試著要他們回想過去，這種做法究竟是好是壞，其實也很難判斷。

看了我父親的狀況，我知道即使不是藥物，實際上也有可能因為某種契機，而使得一般認為不可逆的病症暫時獲得改善。

有一天，我一到父親家就看到一篇紙稿，殷切訴說最近在夜裡感受到的不安。「希望你讀一下。」他把半夜裡寫好的東西給我看，筆記本上一整頁，懇切地描述他現在的不安。那段時間已經不像之前剛搬回來時，偶爾還會在筆記本上簡短記錄幾點吃過飯之類的，字跡顯得潦草難辨認，有幾處文意也不通順。他寫了這麼長一篇，令我感到驚訝。因為我早以為父親沒辦法再寫這樣長篇幅的文章了。父親經常是在霧裡，完全不知道那團霧的外面別有天地；然而他在寫這些東西的時候，簡直像是濃霧消散一般，想必是窺見遺忘的過去與外面世界，那種強烈的不安困住了父親。他在上面寫了想要和朋友講講話卻找不到手機，所以感到很遺憾，還有自己肚子餓了，可是只有一點點錢沒辦法買東西吃等等。

父親搬回來沒多久就不會用手機了，與之前的舊識都失去了聯繫。關於這部分，他也從未提過想要怎麼處理，或是希望我們做些什麼。只是他經常會想到「萬一半夜有什麼事情，連絡不到你（就是指我）的話，就傷腦筋了。」為了不讓他發生那種非得在半夜緊急聯絡的事情，我們定期帶他去醫生那裡回診，也請護理師每週來訪視兩次，並試著說明這些讓他能夠明白。不過，顯然說了這些還是不具說服力。實際上，父親終歸是如他自己所擔憂的那樣，在半夜裡受傷骨折了。

如今在安養機構裡比較安心，然而父親似乎還是偶爾會因為擔心發生什麼事，而感到不安。他的不安，只出現在濃霧散去、得以窺見現實世界時，而我，則無法不去意識到那樣的不安。

儘管因為當事人不明白自己所處的狀況，我們必須盡可能地，不讓他們發生類似「亂跑出去而引發事故」之類的情形，但若父母見到那團迷霧外的世界而受苦，並因此使得照顧者感到辛苦，基本上，這樣的問題也只有父母自己能解決。

當然，由於「傾聽」會使得父母安定冷靜下來，採取這樣的行動是有意義的，我也常常會聽我父親說話。只是即便如此，父母依然受困於強烈的不安時，用剛才的比喻來說，這是他們在見到濃霧之外的世界時，必然會發生的，照護者沒有辦法阻止。

「健忘」治不好，「遭竊妄想症」卻治得好

失智症的周邊症狀，是例如「明明只是自己忘記放在哪裡，卻以為東西被偷還是被人藏起來的妄想」、「認定配偶有外遇」、「那個應該不存在的人跟自己住在一起」，或是一些反常的舉動「徘徊遊走」、「玩排泄物」、「具攻擊性」等等。

這些是「記憶障礙」與「理解判斷障礙」這樣的核心症狀之上，附加了心理或狀況方面的要因後，二度形成的現象。在尋找自己忘記放在哪兒的東西時，可能心裡會認定是被人偷走了，但並不是每一個忘記東西放在哪裡的人，都一定陷入這樣的妄想中。即使出現了核心症狀，也可能沒有周邊症狀，或就算有也不是那麼嚴重。父親雖然曾經變得情緒化、對我發脾氣，但是周邊症狀

出現的次數，少到幾乎可以說不算有過這樣的症狀。

進行照護的時候，最容易讓照顧者感到疲憊的就是這些周邊症狀。專家指出，這些周邊狀況是可以治癒的（小澤勳《何謂失智症？》）。除了廢用症候群之外的其他器官問題，也就是因為腦部障礙而產生的核心症狀，雖然無法治癒，周邊症狀卻是可以醫治的。舉例來說，治不好健忘，但是懷疑東西遭竊的妄想症卻可以治癒。至於周邊症狀明顯與不明顯、之間的差異從何而來、如何認識與因應，將待稍後再來思考。

「想做」與「能做」之間的落差形成了自卑感

這樣的周邊症狀之所以會發生，是因為儘管「想做」與「能做」之間的落差很大，一旦罹患了失智症，就很難找到兩者之間的平衡點，並選擇適合自己的生活方式，其結果所造成的不安、困惑、焦躁與混亂，最後便形成了這些症狀（小澤勳《何謂失智症？》）。

「想做」與「能做」之間的落差，稱之為「自卑感」，既然如此，是不是只要消除這些落差就行了呢？事情並沒有那麼簡單。小澤表示，除了提供足以消弭兩者之間巨大落差的照護之外，其實這種想要徹底消除「想做」與「能做」之間那道鴻溝的想法，本來就是錯誤的。這就像限制行動、過度服用精神藥物（Psychoactive drug）一樣。因為人類原本就不是只做著「能做」的事情在過日子。「即使現在做不到，希望有一天能做到的這種想法，會豐富我們的生命，帶來活力。」（前揭書）。

我認為，的確如小澤所說的沒錯。只不過，為避免父母做些危險的事，我們會連一些「他們實際上可能只要做做看就會的事情」都加以限制。如果是孩子的話，我們會想：他今天做不到的事，也許明天就做到了。從來不曾跌倒就學會走路的孩子、連一次也沒受過傷就會騎腳踏車的孩子，應該很少吧？即使發生那樣的事，身為父母的都還能冷靜以對。然而換成是父母的時候，因為他們有些事情的確是今天會做，但是到了明天卻不會，所以很難相信他們現在做不到的事情，能夠在不久之內就會做。而且通常父母想嘗試的事，多少都伴隨著一些危險性，於是便不准他們去做。因為真要是受傷骨折了，會加重照護上的負擔。

當然，當事人與家人會努力進行復健，白天的照護機構也有專業的物理治療師、職能治療師，協助排定各種復健課程。一想到這個，其實之前我對父親的復健不太積極。前面提過，我父親會突然開口說他要出去走走，儘管我理應知道他會那麼說，是為了不想要變成癱在床上的病人。

但是我以貧血和心臟病不能走太遠為由，潑了他冷水。他說：「什麼嘛，只是在住家附近走一下而已。」我一阻止他，他就說：「那不然你可以跟我一起去嗎？」於是我陪他一起外出，結果才走沒幾分鐘他就放棄了。「好了，不用了。」父親板著臉不悅地說。我心裡想，早知道這樣就不該答應他一起出來走才對。

彼此最舒服而父親也能接受的方式，就是當他說要去外面走走的時候，什麼也別多說，同意就對了。考量到疾病的關係，提醒他沒辦法走太遠，固然不算是多操心，但其實像走路會喘這種事，倒也不必在走之前特別提醒，因為實際上他只要走走看馬上就知道了。當他太過勉強的時候，雖然必須制止他，但是沒必要在老人家難得想去走走的時候潑他冷水吧。他因為貧血而住院時，跟著職能治療師非常積極地做復健，過程中雖然有休息時間，但略作休息後，總是父親主動開口說要「再來一次」。

在此想要說明，彌補「想做」與「能做」之間的落差，意思是即使當事人目前做不到，也遵照他心中所願的，讓他努力去達成目標。因為至少這件「想做的事」，是出自於他的本意，而不是周遭他人的期待。要如何豐富我們的生命，找得到活力呢？更正確地說，為了讓父母擁有那樣的力量，身旁的照護者能夠提供什麼樣的協助呢？

適切因應父母的言語舉動

一般來說，舉凡人類所有言行，都不是在虛空中進行，而是有「目標對象」；也就是說，我們通常都不想要被目標對象忽視，希望引起一些關注。那種總認為自己所做的事必然要獲得他人關注，否則便感到苦惱的狀況雖然也是個問題，但有人會認為，與其遭到漠視，即便是給身旁他人（目標對象）找麻煩，也希望獲得關注。

換個角度來看，也可以說隨著目標對象如何應對，將迫使這番言行有所改變。有高竿應對方式的同時，也有幾乎是火上加油的回應態度。因此就算父母的言語舉動看起來很挑釁，只要沉穩地應對，他們也一定會有所改變。

父母的不安或恐懼，也是他們為引起負

責照護的子女關注，而表現出的情緒。

一般都說是因為有某些原因，才讓人感到不安或恐懼，其實要從「訴諸那樣的情緒有何目的」，還有「為達成目的，才變得不安或感到恐懼」的角度去詮釋，才比較能理解真實狀態。以不安來說，當父母訴說自己的不安時，照護者無法漠視，所以，「讓照護者關注自己」就是不安這個情緒出現的目的。如果是以「獲得他人關注」為目的而形成的不安，對於這樣的父母，愈是關注愈無法停止他們的不安。

有一次，一位陷入憂鬱狀態的老太太，來到我當時服務的醫院就診。候診室裡，陪同前來的兒子和媳婦，一臉憂心地坐在她身旁，而後進入診間，也是三個人一起。幸好過程順利，她的狀況一天天好轉。後來又到了就診日，先是兒子沒有出現，接著老太太的狀況更好一些，媳婦也因為要去購物所以沒陪她來，因此便看到老太太一個人在候診室裡長時間等候的模樣。

身體孱弱的時候，子女為她擔心，想必老太太心裡很開心。可是身體狀況一變好，子女就又漠不關心了。恢復了健康，就得不到與之前一樣的關注，是理所當然。為再次獲得子女關切，接著老太太便摔倒，大腿骨折了。

平時就必須協助父母改變想法，讓他們不必為了引起關注，藉由遭受這樣的痛苦，來訴說自己的不安與恐懼。一旦父母認為必須以某種方式來獲得子女關切時，就會像這個案例一樣，明明已經解決一個問題，卻因為得不到關注，又引發其他問題。

在父母身上成為問題的那些周邊症狀，一旦予以否定或指責就變本加厲，是因為「目標對象」沒有採取適切的因應方式。

也曾經有護理師表示：讓護理師成為目標對象會比較好。經常在書上看到，很多時候那種「東西被偷或被藏起來」的妄想症，都是以兒媳婦為目標對象；我向前來訪視的護理師詢問，實際上是否真有那麼一回事，對方表示經常聽說這樣的狀況。

「也會有護理師成為箭靶嗎？」

「有的。不過，比起家人來說，把護理師當成箭靶會好一點。」

因為這樣而使得家人較少成為目標對象，對家人來說是值得慶幸的。

「這種事不會讓你覺得不舒服嗎？」

「當我身上穿著制服的時候是沒問題的。」

對護理師來說，病患的家人沒辦法穿上制服，而家人已經成為目標對象的案例又該如何是好，也是個問題。因此他可以說得如此俐落爽快，讓我心頭一震。

父親很少說些什麼讓身旁的人感到困擾，但也許是我和他在一起的時間長，明明他在別人面前表現得很沉穩，對我卻會變得情緒化。

不過事實上，說在一起的時間長，也只是我單方面的藉口罷了。因為我只有白天需要到父親家裡，相信一定也有人是住在一起，時時刻刻都要見面，但是父母卻不會將情緒宣洩在子女身上。我必須承認，完全是因為我和父親的關係出了問題。

父親與我之間的關係惡化，並不是現在才開始，之前住在一起的時候也常發生，只要他對我發洩情緒，我就沒辦法冷靜下來。儘管試著去想，他不把我太太或妹妹當成目標對象，而只是找我發洩的話是好事，但當時真的覺得這麼做好難。不過，要是父親在其他家人面前也發洩情緒，讓其他人覺得很受不了的話，豈不是沒有人願意代替我照顧他了。然而這種「讓父親只要以我為情緒宣洩的對象就好」的想法，在面對照護上的態度是消極的，我並不喜歡。

我認為，最好不要以「父親在我面前坦然顯露本性，在他人面前卻因為有所顧忌，而勉強壓抑自我」的看法，去詮釋他在情緒上的狀況。反倒是我自己必須想想，對父親的態度是否還有改善的空間。

周邊症狀的目的
是獲得目標對象的關注

如同前面所見，這些周邊症狀要治癒的話，取決於照護者的因應態度。了解改善周邊症狀的因應方式，照護的負擔就會減輕。「每天到父親家」這件事不是什麼過大的負擔，雖然的確因為這樣，沒辦法如自己所願去工作；但其實因為一些小事（視為「小事」說不定只是從我的角度去看的緣故）而使得父親發怒，引發他粗暴的言語，才是讓我在精神上感到疲累、難以立即平復的原因。

如果沒有學習具體的互動方式，一味地叫我們要像人家常說的那樣：貼近他的心、用愛去對待，就能抑止他的不當舉動；說真的，怎麼樣叫做貼近他的心？怎麼樣又是用愛去對待？光是這些根本可以說太空泛。

當然，這些事情很重要，要經常保持一顆沉穩的心，並溫柔去對待，不是那麼容易。也有可能因為父母的言行，引發子女的情緒發洩在父母身上，即使父母一開始並非有意使子女變成如此。要說父母在自己的言行上有何企圖的話，他們通常都是不自覺的。

因為父母的言語舉動而使得子女情緒波動的話，可以說父母成功地藉由引爆情緒的方式，獲得了子女關注。周邊症狀就像這樣，廣義來說，具有吸引周遭他人關注的目的。父母就是想藉由喚起子女坐立難安、生氣，或是感到憂鬱絕望這樣的情緒，來吸引他們的注意。只是不論當事人或家人，都沒想過這當中有著想要引人關注的目的，因此對這些周邊症狀的言行有所反應。於是，關注愈多，周邊症狀就愈停不下來。接著我們要想想：具體上應該如何協助父母，讓他們知道根本沒必要吸引那樣的關注。

子女對父母宣洩情緒的目的

照顧父母的家人，對父母的舉動出現煩躁不安的情緒時，也是有其目的。一般都會說這是對父母的舉動感到煩躁不安，其實並不是因為父母的舉動，才讓人出現這種焦躁或憤怒的情緒。

我們必須知道——由於子女希望父母停止某些舉動，才會對他們大聲斥喝。這是子女對父母宣洩情緒、斥責的目的。這就和教養子女的時候，父母因為想要讓孩子做某些事，就發脾氣或大聲嚷嚷是一樣的情況。很可惜的是，這樣的做法，多半只會引發孩子的反感而不會奏效。子女也許會順從父母的話，但因為不是自己主動願意，而是被迫在不甘願的情況下遵從，所以發脾氣乍看之下似乎立即見效，可是孩子卻會不斷找機會反抗。同樣的情形也會發生在與父母的關係之間，即使父母看似退讓了，還是會再找機會反擊。

對父母產生情緒時，子女便與父母進入了權力鬥爭。子女不可能認為自己對父母有情緒是好事，但是他們心裡卻想著「自己如果訴諸情緒，就可以改變父母的行動」，於是試圖藉此控制父母。小時候受到父母支配，如今便想要站在他們頭上。因此，即便是瑣碎的小事，也要找機會與父母進入權力鬥爭。吵架的理由，不論什麼都行。

每天被父母折騰，照顧的人會疲憊不堪。我在孩子小的時候，不曾大聲斥責他們，但是對父親卻忍不住大小聲。在那當下，我的心跳肯定是加速，血壓也升高。即使回家以後還是心情不佳，隔天必須由我太太代為幫忙照顧父親。

我對父親會這樣，雖然他的舉動是引爆點，其實還是有目的在。目的之一，如同剛才所見，是因為想讓父親順從我的想法；可是父親要嘛是完全不理會，繼續做著重複的事，要嘛就是在人家發完脾氣後幾分鐘，就完全忘記那回事了。

發脾氣還有另外一個目的。我連父親的臉都不想見的狀況，次數並不多。儘管我不認為自己是逞強在照顧他，但是不論酷暑寒冬、清明還是春節，我都一次不缺地去照顧他。雖然說是要去幫父親打理餐點而非去不可，其實是我心裡認定了「不論發生什麼事都要去」。

或許正因為這樣，當時繃緊神經的我從來沒感冒過。如此狀況下的我，想要休息喘口氣的時候，為了讓自己和他人都覺得情非得已，便以父親的言語舉動為引爆點，發洩憤怒的情緒。這對父親來說是找他麻煩，其實我根本不必經過這麼複雜的程序，只要開口說自己很累，希望人家替代一下就行了。

腦是身體的一部分，終究是心靈的工具

失智症雖然是腦部的問題，卻不盡然如此而已。我經常在想，以腦部病變來詮釋失智症，就像是只相信溫度計上的數字，卻完全漠視體感溫度一樣。覺得今天天氣冷，那麼對有此感受的當事人來說，這個寒冷的感覺便是千真萬確的事實，即使溫度計上面所顯示的溫度「事實上」並不算冷，也沒有任何意義。「因為『事實上』就是覺得冷」，要以哪個「事實」為準，雖然也是個問題，不過我會以體感溫度為衡量標準。

父親會有腦袋非常清醒的時刻，在那當下，他對許多事情都清清楚楚。有好幾次，我都在心裡納悶地想說：他不是病了嗎？應該不可能知道得這麼清楚，讓我很想相信當時的父親「事實上」並沒有生病。

腦是身體的一部分，是心靈的工具。儘管腦部是最重要的，但充其量就只是個工具，不論腦部出現了何種障礙，並因此改變當事人的言語舉動，他本身的人格並不會改變。

比方說，手如果痲痺了、被綁起來，就沒辦法動。腦部有了任何損害，手也可能不聽使喚。可是，畢竟不是腦（身體）在支配心靈，而是身為整體的這個我，想要動用我的手；是心靈決定了動作的目標，判斷自己為了什麼而動用手部，腦只是心靈的工具，不是想法的起源，更不是腦（身體）在支配心靈。

不以生產力
看待人類的價值

如果經常以生產力來評斷個人價值，並認為那是唯一價值的人，當他老了，什麼也做不到的時候，可能會悲傷到不願意面對現實。失智症可能會面臨這個心理上的難題，如何協助罹患失智症的父母，後面將會探討，先說要點的話，可以朝著「不以生產力評斷個人價值」的方向去協助他們。即使現在什麼都做不了，也不以此來界定個人價值，將焦點放在對方「身而為人」這件事情上就是一種協助。

我想，曾經有過因為生病而導致身體無法動彈的人就會懂。當自己動不了，完全要依靠他人照顧時，能夠認定自己依然有價值是需要勇氣的。

前面提過，我父親說：「既然忘記了，

也無可奈何。」我認為，如果是很久以前的事，即使忘了也能輕易斷了念頭。不過要是忘記之前住在哪裡，還有曾經共同生活的那個人之類的事，恐怕就沒那麼容易釋懷了。因為我們會有一個先入為主的想法，認為這麼重要的事應該不會忘記。

若忘記不久前的事，例如，找不到剛剛放在這裡的東西時，如果能接受自己「忘記東西」的事實就沒問題，要是無法接受，就只能編造「某人把它給偷走」的妄想了（小澤勳《何謂失智症？》）。

人一老，就無法確信自己的價值

要理解父母，必須先了解所謂的老化。

由於當父母需要照護的時候，子女或多或少也開始意識到有關老化這件事，可以說，理解父母如何認知與接受老化，並不是那麼困難。隨著年齡增長，齒牙動搖、容貌漸衰，全身上下會出現年輕時不曾有過的毛病；此外，不論健忘算不算是一種病，沒有人不出現這種老化的現象。

原本在工作的人要面臨退休，即使是沒有退休年限的工作，雖然情況因人而異，但遲早都會察覺自己的能力衰退，而非得變更工作量或內容不可。

儘管是如同前面所說「不以生產力評斷個人價值」的人，都可能在離開工作之後，懷疑自己是否已經不具價值，甚至也有人每天過得失意喪志。尤其對曾經隸屬某個組織單位的人來說，不論之前如何嚮往退休後悠然自得的生活，離開那個位置，將是人生中的一大危機。如今這個時代，想要悠悠哉哉過日子，也不是那麼容易了吧。

向來被人尊稱為老師的人，一旦離開學校，也可能因為從此不再有人稱呼自己為老師而大受打擊。要承認「老師」不過是他人面對學校老師的一個稱呼而已，並不容易。不只是老師，人一旦老了，就很難確信自己的價值。

於是乎，藉由發牢騷來讓他人認同自己的價值，或是溺愛孫子女。由於祖父母不像孫子女的父母那樣要背負較多責任，溺愛他們，對孩子的父母來說，不僅不是好事，也可能因此而起爭執。

前面也提過，父母會做出一些令人困惑的行為，來贏取子女的關注，試圖藉此在家中爭得一席之地。

如果父母能夠認定自己的價值，應該就不會出現那種想要引起子女關注的行為。在此提出幾項協助父母的要點供大家參考。

照護休息站

- 每個人都活在各自賦予意義的世界裡。
- 即使父母已經衰老，也要協助他們具備「自己對他人有所貢獻」的想法。
- 不以生產力看待個人價值，將焦點放在對方「身而為人」這件事情上。

Chapter 3

從「當下」開始與父母建立新關係

別用減法看待父母，從現在起退出權力鬥爭吧！

別去想著要回報父母恩情

依據前面所提到的內容，來思考一下該如何與父母相處。首先，想想看要以什麼樣的決心（這麼說似乎有點誇張）去相處才好。

為減輕照護上的精神負擔，必須做到「別去想著要回報父母恩情」。即使父母表示希望由我們來照顧他們，然而我們並不知道自己是否能夠回應這樣的期待，使他們獲得滿足。照護這件事，不是子女為了回報親恩而做；就算能夠照顧到萬無一失，也難以完全報答父母的恩情。身為父親的我，從未期待子女的回報。難道大多數父母在養育子女時，已經考慮到將來有一天，子女要來照顧自己嗎？就算父母有這樣的期待，我不認為可以做到完美而全面的回應；但也不是說因為這樣，子女對於需要照顧的父母就什麼都不用做。很重要的一點——做得到的事就去做，但是做不到的部分要明確地界定底線。

有人認為居家照護父母比較好。其實包括是否要居家照護這個問題在內，我們對於父母雖然會有「覺得應該要做」或是「想做」的事，但也只能做些能力範圍內的事。

父母也許對子女會有所期待，然而現實生活中，子女並無法百分之百做到每件事。儘管想要努力做到最好，但也不必因為力有未逮而自責。

可以與父母
從「當下」開始關係變好

親子關係原本就良好的話，進行照護時當然是輕鬆沒錯，不過說得出親子關係始終融洽、沒有變化的人，恐怕很少。過去那段親子關係歷史悠長，其間會有衝突摩擦，子女對於父母的想法更是千頭萬緒。但是當父母需要接受照護時，子女就必須再度面對父母。

此外，即使父母單方面宣稱已經忘記過去的事，還是很難想像過去所有問題能就此煙消雲散。對子女來說，與父母相關的事永遠都難以釋懷，但父母遺忘了過去，子女卻完全束手無策。

更進一步來說，當父母遺失過去時，不會僅止於此，他們也可能變得完全不像過去的自己。此處所說的父母的變化，並不一定是負面的意思。因為原本個性沉穩的父母可能變成另一種樣子；相對地，曾經很強勢的父母也可能變得溫和慈祥。無論是哪種狀況，子女都被迫要決定如何與這個宛如陌生人的父母相處。

很明確的一點是——回顧過去也沒有意義。不論照護是否有其必要性，我們從「當下」就能與父母建立良好關係；再說，若不這麼做的話，照護這件事會變得很辛苦。

重新開始
與父母的關係

與年邁的父母共同生活或進行照護時，很重要的一點是——不要訂定無法達成的目標。面臨要照護的關頭，才與父母和睦相處，不是那麼容易的事。在他們需要照護之前，關係已經和樂融融的話，照護過程中要和睦共處也許不難；但如果不是的話，屆時才打算努力實現關係融洽的目標，儘管不是不可能，只怕難度很高。

不只限於照護的時候，一般來說，人們回想過去而懊悔、思慮未來而不安。可是我們（現在）既無法回到已經消逝的過去，（此刻）為了還沒到來的未來煩憂也毫無意義，就連自以為肯定會到來的明天，也不見得必然到來。相信應該有不少人都曾經思考過這樣的事。

在照護上，要將自己與父母之間的過往都當作不存在，或許有點困難。但是要與父母重新建立關係，必須抱著「從頭開始」的心態去相處。這樣的做法意味著——如果過去與父母關係不佳，現在就不要將焦點放在這件事情上。不只如此，像是子女後來才察覺到「父母其實早就需要照護」的事實，為了「自己該早點發現才對」而感到後悔的情況也一樣，因為這樣的懊悔根本無濟於事。

所以不論過去如何，今後只能逐步建立與父母的關係。不過如果一開始就以親子間的良好關係為目標，將因為理想與現實的落差而苦惱。

一開始，先過著平靜無波、沒有大爭端的日子應該就可以了。原本就跟父母沒什麼話說，而且經常一開口就大吵的人，現在突然要與父母變得親近，沒那麼容易。

所以只要從可能做得到的事情先開始，慢慢改變彼此的關係就行，例如至少做到可以待在同一個空間，保持和睦氣氛之類的。母親過世之後，由於我父親不是情緒化就是愛叨唸，所以我總是感到退縮、無奈。年幼的子女陪我跟父親在一起的話，可以避免與他發生衝突，不過一旦只有我們兩人共處的時候，氣氛就變得很凝重。我與父親再度共同生活的最初目標，是能夠與他共處一室。

事實上，父親在回來這裡的十年前左右，曾經主動拉近與我的距離。由於他突然表示：「我想接受你在做的那個心理諮商。」於是我每個月與父親見一次面，聽他說話。雖然談不上是幫父親做了心理諮商，但是我們能夠與年輕時不同，保持一點距離冷靜地對話，對於後來要開始照顧他來說，是很好的經驗。不過也必須說，偶爾碰個面與每天長時間共處一室，畢竟是有極大差異的。

只能與「眼前所見」的父母一起過日子

很明確的一點是——不論腦部狀態如何，不管有沒有出現腦部萎縮、海馬迴萎縮的現象，我們只能與眼前所見的父母一起走下去。

父母並不會因為被診斷為阿茲海默症，或是其他類型的失智症，就變成了別人。

即使他的言行表現，好像與過去年輕時完全不同，他還是原來的那個人；相反地，有時候我們反而會因為「父母所說的話簡直跟過去沒兩樣」而感到驚訝。無論如何，父母依然是父母。

人，為了成為一個具備「人格（身而為人的資格）」的個體，除了生物學上所謂人類的條件之外，還必須加上自我意識。

問題是，當我們以「擁有自我意識」為

條件時，受精卵儘管是生物學上的人類，卻不能說是具備人格的個體。依這樣的想法，有些人便主張失智症患者並不具備人格，但事實果真如此嗎？

那麼，就社會上的意義承認他是一個個體，並以能夠達到最低限度的溝通為成立條件的話，失智症患者具備人格，可是腦死患者則被排除在外。相信腦死病患的家屬，應該很難接受這樣的說法。

舉例來說，對感覺到胎動的母親而言，胎兒並不是物品。之前，我母親雖然不是處於腦死狀態，但因為腦中風而失去意識，既沒有自我意識也沒辦法進行溝通，如果要告訴我：母親是一個不具備人格的個體。我肯定是很難接受。

戴著帽子的人，脫了帽子還是同一個人，不論有沒有自我意識、能不能進行溝通，人在任何時刻都是具備「人格」的個體。即便進入昏睡狀態，人也不會變成物品。

如果要問為何可以這麼說，那是因為我認為這裡所提出的「人格」，必須納為「人類」的一部分來考量。人，無法獨自「身而為人」；換句話說，人，沒有辦法脫離人際關係。從人際關係的角度來看，即使被認定沒有自我意識，處於腦死狀態的人，對於過去還未腦死時就已經認識他的人來說，他還是同一個人（人格）。就連已經過世的人，只要有人還記得他，他的人格便能繼續存在。

再說回來，雖然我父親被診斷為阿茲海默症，但不論他的腦部狀態如何，或因此失去之前的記憶，甚至看起來簡直變了一個人，父親在與我和家人的關係之中，依然還是父親。

思考「怎麼做？」而不是「為什麼？」

夏季裡開滿花朵的朱槿，季節更迭後不再有花苞，也見不到花開。每逢繁花盛開，父親就會說：「你看！朱槿花開了。」然而吃過早飯後小憩到中午，再醒來時的他，便看著那花說：「是昨天開的。」彷彿是父親的日子過得特別快。也許他是睡了一覺就算過了一天。

讓父親滿心期待的朱槿不再開花時，我依然每天澆水。有一天，我發現了花苞。夏天時，花苞一天大過一天，等待花開要不了多少時間，可是一到秋天，花苞就不怎麼長了。不過我沒放棄繼續澆水，終於有一天，久違的碩大花朵綻放開來。

仔細一看，還有其他小小花苞，今天開的這朵就算謝了，明天我肯定還是繼續照顧它。不是因為它會開花才費心呵護，而是不論何種狀況下，都會照顧它；也就是說，即使不再開花了，應該也不會停止對它的關照吧。頓時想起，這就好像我對父親的心意一樣。就算醫生說失智症醫不好，家人也不會因此而選擇放棄，什麼也不做。

照護的時候，發生任何狀況都只能接受。也就是在照護上沒有Why（為什麼）只有How（怎麼做）。即使去思考為什麼父母會變成這樣，應該也得不到答案，照護的日子不出分說就是這麼開始了。

即使是不可抗力也不要過度自責

進行照護的時候，必須承認有所謂的「不可抗力」。我父親的腰部和雙腿都很健壯，如果不是因為貧血和心臟的毛病，他是可以自己行走的。不過我一直都還是很小心，注意著不讓他跌倒傷了骨頭。老舊民宅和醫院、養護中心不同，四處都有高低差，別說我父親，就連我們自己不小心也可能絆倒。飯廳和臥房的交界處有個坎，平常雖然會避免讓他自己一個人去飯廳，但有時候父親半夜醒來、早起時，會自己走到那兒去。照服員要離開時，父親一直留在飯廳裡也不是辦法，由於讓他養成了習慣，吃過飯就小睡一下，所以我們拜託看護要離開之前，督促我父親到臥房去，就是為了不讓他自己一個人走路絆倒。

起初，父親會在我早上到他家之前帶狗去散步。雖然跟他說過路上車多危險，不要一個人出門，他也不聽。有一天，父親看見窗外的柿子樹結了果實，為了摘柿子，他走到外面去。結果好像是走到半路跌倒了，事後他才說：「有三台車停下來幫我。」

由於這樣的事一再發生，後來不得不換門鎖讓他沒辦法出去外面。在家裡面開不了門，萬一發生火災也逃不了，可是一考量到他自己一個人出門可能發生的危險，也只能這麼做；另外，還得設法讓他進不了廚房，之前他就曾經在半夜把冰箱裡的東西都吃光。

儘管對他說過：「你一出去可能會走不回來（事實上，他獨居的時候就發生過），而且為了避免發生車禍，晚上你只能在臥房或飯廳活動。不先跟你說好這麼做的話，你可能會忘記危險跑出去。」結果還是有好幾次，他因為肚子餓，打算出門去買東西。父親屢次抗議：「這樣子不是害我出不了門嗎？」著實讓我因為不知道這麼做到底對不對，而苦惱了很久。一起住的話或許就沒這個困擾。我也常聽說，就算從外面用根棍子頂住門，還是有人出得去。

可是明明已經小心到有點過頭的地步，某天早上父親說他腰痛。觀察的過程中，發現隔天又更嚴重一些，只要一點點小動作就會抱怨說很痛，一問之下，他說他半夜開了窗戶，打算向路過的人求救。這一天剛好居家醫療的護理師會來，護理師懷疑是骨折，於是請主治醫師到家裡來看看，後來判斷可能是腰椎壓迫性骨折，馬上叫了救護車送進醫院。看起來，似乎是在夜裡摔傷的。

明明已經那麼小心了，自己有好一陣子感到很氣餒。那正好是要住進養護中心前幾天發生的事。這件事完全只能說是不可抗力。因為就算盡最大努力預防事故發生，還是無法完全避開，所以為了不失去面對照護工作的勇氣，必須做到不要過度自責。

承擔決定的責任

我母親因為腦中風倒下時，在附近的醫院就診。幸好，一開始的恢復狀況良好，我們都想說直接待在那家醫院治療就行。可是一個月後又復發，這次非得決定要不要轉到有腦神經外科的醫院去。

父親與我討論過後，決定轉院。想必是因為我們兩個離開位子好一會兒都沒有回來，母親便已明白自己的病情非同小可吧。我和父親回來後，母親因為自己是當事人卻被隔絕在外，而狠狠地說了我們一頓。由於當時母親的意識還很清楚，每當想起母親那嚴峻的表情，還有自己為何沒問過她的想法，就懊悔不已。

轉院之後，母親的病情急遽惡化，生命中最後兩個月一直都沒再清醒過來。

過程中，必須決定要不要接受醫生所提議的手術，卻再也沒辦法與母親商量了。雖然不是不願意承擔這份責任，但如果沒有問過當事人的想法，則無論任何決定，責任全都會落在家人身上。

如今我在父親身邊，也是一樣的想法。一切大小事，我都必須代替他去做判斷。居家照護的時候，遇上了狀況該怎麼處理，我都是找長照管理專員、照服員或護理師商量。現在雖然進了安養機構，不過要進去的那天，還是被問到如果有狀況要送往哪家醫院等等相關事項。因應突發狀況做出適切的判斷，我仍然沒有自信。

為了不要自己一個人扛著，與其他家人商量是很重要的；可能的話，希望也問過當事人的意願。伴隨這些選擇而來的責任，雖然不會因為討論過就能分散，至少在心情上會輕鬆一些。

不完美的勇氣

我認為，應該不要抱著「無論如何都得居家照護才行」的想法。儘管大家會想要在家裡照顧，但是千萬別忽略了自己的「能力範圍」。如果父母希望這麼做，當然，我們要盡力讓他們可以在自己熟悉的自家環境過生活。但是像我父親，他要是還記得從前的事，照理說，回到這個老家應該就是他「熟悉」的環境，不過他似乎打從一開始就不知道自己來到了哪裡，於是居家照護便少了一個優勢。

此外，父母所熟悉的自家環境，如果與照護者的住家相隔遙遠，那麼居家照護就有困難，必須選擇同住或是搬到近一點的地方去。這種時候，如同前面所見，環境變化多少會使父母感到混亂。

另一方面，應該也有人認為居家照護不容易，希望可以進入安養機構，只是因為要進去也沒那麼簡單，於是別無選擇只好在家裡照顧。尤其要安排男性入住很難，我也是這次才知道。為何有這樣的情況，經我多方詢問的結果，這是因為當丈夫需要照護的時候，雖然有太太照顧他，可是等到太太需要照護的時候，多半丈夫都已經不在了。以我父親來說也是一樣，如果我母親還在的話，相信她會自己照料吧。

至於父母明明並沒有強烈要求居家照護，或拒絕日間照護等服務，子女卻一心一意認為「在家照顧最好」，而不願意利用長照服務的狀況，他們的想法正如同那些養育子女時認定「孩子在三歲以前，都應該由父母親自照顧才對」的人一樣。

關於日間照護服務，有些人會以「在那裡像是被當成小孩來對待」為由，而不願意去，甚至是家人也不想讓他去。可是，為照顧父母而使家人非得將一整天的時間特別挪出空檔，這樣的負擔將會很沉重。

我父親雖然不需要人家餵他吃飯，但是無法自己去買東西，也沒辦法料理。前面也提過，因為不知道他什麼時候會跑出去，完全不能讓他離開視線範圍。買東西，就得趁他睡著的時候去。所以我連跟別人約要見面都不行，雖然也曾經勞煩對方到父親家裡來，但是要好好談個話都有困難。父親如果突然醒來，我就沒辦法為人做心理諮商，其他一些演講的邀約也不得不回絕。這樣的狀況持續很長一段時間，讓我覺得很辛苦。

必須想辦法盡可能減輕照護上的負擔。日間照護服務應該是最方便的，一週之內只要能有幾天不用擔心父母的事，就會比較輕鬆。後來沒多久，我也讓父親去參加了短期住宿活動，那是兩天一夜或是三天兩夜的活動，讓我晚上不必為父親擔心，幫了我大忙。頭一次，父親參加這活動的早上，我難得可以不用設定鬧鐘睡到飽。

說不定父親比較想自由自在地過日子，可是我卻如釋重負。日間照護服務或是短期住宿活動，與其說為了父母，其實更為了這些負責照顧的子女們設想。父親第一次參加住宿活動時，半夜醒來不知道自己在哪裡、為什麼在一個跟平常不一樣的地方，活動報告上記錄了他當時詢問工作人員：「這裡是哪裡？我為什麼在這？」然後他以為到了傍晚就可以回家，沒想到是要住在那裡，據說父親大聲嚷嚷著：「我兒子在家裡等我！我要回去！」

我認為，盡可大方坦承是為了讓子女喘息，而送父母去接受日間照護或參加短期住宿活動。因為彼此暫時分開，使身體充分休息之後，才能以嶄新的心情去面對他們。

這些服務其實並不是只為了子女。比方說日間照護服務，就像是小朋友去上幼兒園，有助於他們的成長一樣，接受那樣的照護對父母也是有益的。接受照護之前如果先去參觀，或是之後前往探訪，看看父母在那裡將如何度過一天的時光，應該是可以放心的。即使有任何問題，相信他們會有辦法應對。如果不行的話，這樣的長照服務機構就不適合。

父親從日間照護中心回到家裡常常很生氣。他說：「來的都是一些癡呆的人，我不想變成那樣。」讓我真不知該怎麼回答他才好。「今天好累，那種的我不喜歡啦。光是在那裡等，很無聊。跟我說清楚要做什麼不是很好嗎？什麼也不說，實在很無聊。待在那裡的時間太可惜了，我們也不能說想要做什麼。」從這段話，可以知道父親充分了解到自己所處的狀況。

「之前，還在那裡下圍棋或是將棋。」父親說。乍看之下似乎討厭接受日間照護的他，實際上可能是最樂在其中的人。我看到記錄上面寫著父親在那裡用卡拉OK，唱著年輕時學會、後來只要有機會也常常唱的軍歌時，我知道，日間照護其實並不像他所說的那麼令他討厭。「他們說你唱了軍歌？」儘管當我這麼問他的時候，「我才沒有唱哩！」他立刻就否認了。

我自己生病住院時，見到不論是醫師、護理師，還有來探病的人，都可以安然自在地來去自如，強烈意識到自己連那樣走路都沒辦法，完全就是個病人。由於在日間照護中心裡聚集的，都是同樣狀況的人，雖然父親說著自己沒有癡呆，不過，重要的是他在那裡與其他人還有工作人員的和睦交談，這是家人進行居家照護時所做不到的部分。父親雖然會說一些抱怨的話，可是比起整天只和我大眼瞪小眼，他在日間照護中心與人接觸互動，似乎更有治療效果。父親在日間照護中心，還有現在所待的養護中心裡，一天之中大多數時間是與他人共同度過的。雖然實際上看似與隔壁桌的夥伴沒什麼互動，不過他會對大聲說話的人發脾氣，也會跟工作人員聊聊從前的事。

總而言之，白天能有幾個小時在日間照護中心度過，光是這樣就已經讓人感到慶幸。當然，父親在那裡並不是什麼也沒做，事實上他們都跟著精心安排的課程，參加了各種活動。

「默默守候一旁」的力量

鷲田清一指出：我們的社會對於「沒有特別做些什麼，就只是默默守候一旁」所具備的力量忘了給予肯定（鷲田清一《咀嚼不完的想法》）。讀到這句話，我發現自己也忽略了那種力量。

說起來，也是因為我覺得自己雖然一整天都和父親在一起，卻沒做什麼特別的事。不過就是準備餐點、清理便盆之類而已。陪伴除了用餐時間之外幾乎都在睡覺的父親，我認為自己好像什麼也沒做。一旦出現這念頭，就會被「其他人的照護工作比我還辛苦，我已經很輕鬆了」這樣的想法所箝制。

如果無法肯定自己「默默守候一旁」，也就是鷲田清一所說的「被動的關照」所具備的意義，日復一日的照護工作會很辛苦。

其實絕對不是什麼也沒做，甚至可以打個比方，即使只是待在身旁，便已經有所貢獻了。

這件事，是我自己當初住院時察覺到的。雖然能夠從加護病房出來，表示身體狀況已經不太可能有急遽的變化，但只要有誰能陪伴在自己身旁，就會感到安心。

父親茫然眺望窗外或讀著報紙的時候，我就只是在同一張桌上工作。一旦他睡著了，更是沒什麼事做。有一天我對他說：「你整天都在睡覺的話，我不過來也沒關係吧？」結果他說：「才不是哩，因為有你在，我才能睡得安心。」的確，之前我出院後，一個人待著時也會感到不安，父親說這話的意思，我非常明白。

不要以心中理想的樣貌看待父母

孩子出生的時候，由於父母與孩子是此生初次見面，而孩子理所當然沒有力量完成任何事，他的一舉一動都能令人感到開心。接著父母會以心中理想的子女形象，看待現實中的子女；理想與現實中的子女之間並無任何關聯，不過是父母所希望的理想樣貌，但是父母要將理想化為現實並不是那麼困難。

然而換成是父母的話，他們在需要照顧之前有一段悠長的人生歷史。接受照護之前曾經是無所不能的父母，那樣的形象就此成為子女心目中理想的父母樣貌。

作家北杜夫以下面這段話，描述身為歌人的父親斎藤茂吉。

「小時候讓我感到害怕、侷促不安的父

親，冷不防變成另一個令人尊敬的歌人。我一反過往開始敬重父親，高中時代甚至吟唱著幼稚拙劣的仿作詩歌。」（北杜夫《青年茂吉的〈赤光〉〈璞玉〉時代》（青年茂吉「赤光」「あらたま」時代，暫譯））

茂吉逐漸老去的身影，北杜夫也沒有錯過。每次茂吉去散步都隨身攜帶記事本，信手寫下創作的短歌。北杜夫會偷看記事本，知道父親還有著旺盛的創作欲便感到安心；反之，見到拙劣的詩作就為父親的衰退而失望。我想，比起讓他感到安心的次數，想必是令他失望的次數愈來愈多了吧。

由於我並沒有像北杜夫看待茂吉那樣，對自己的父親抱持著敬重的想法，難免因此對北杜夫的那番話感到詫異。

作家沢木耕太郎的父親是俳句詩人，沢木將父親吟詠的俳句整理成冊。沢木說在他的記憶中，他不曾對父親有過激烈的言語衝撞，應該連一次也沒有反抗過（沢木耕太郎《無名》（無名，暫譯））。這一點雖然與我近似，但沢木提到「從小就覺得必須保護父親才行」的說法，卻使我感到驚訝。因為我對父親從來沒有過那樣的想法。

不過，我身邊有很多人是一直都敬重父母，對他們抱持好感。對這些人來說，如果父母出現了衰退現象，尤其是因為失智而忘記過去的事，或使得性格有了轉變，應該會讓他們覺得「眼前現實中的父母，與自己過去理想中的父母，實在落差太大」吧。

然而，要是不能抹去對父母的理想化看法，不能接受現實中的父母，就無法與他們建立良好關係。父母已經遺失了過去，失落的往昔不盡然都是美好的回憶；子女經歷過的痛苦、討厭的記憶，父母卻早已忘記，再怎麼難以割捨，現實中僅存的，就只是已經遺忘過去的父母。

照顧父母的時候可以做的其中一件事，就是不要以心中理想的樣貌去看待父母。只要是以理想的樣貌去看待，眼裡就只會見到滿是缺點的父母。父母年輕時如果很「優秀」，會讓人很難接受這種理想與現實悖離的狀況，不過還是要面對現實中的父母，與無可替代的他們建立關係。

不只是父母，如果有人把你說得很好，好到與現實中的你脫了節，他將自己心中有關於你的理想樣貌，與現實中的你混淆在一起，應該會讓你覺得很難與他相處吧？如果在他面前，你可以不必刻意表現得特別優異，只要當一個普通的自己就好，想必會輕鬆得多。

別錯過他們的求救訊號

父母也不想面對自己有些事已經做不到的事實。比方說，父母沒辦法再開車的時候，要勸他們放棄並不容易。我父親就是在超市的停車場引發了事故，幸好沒有造成人員傷亡。他是在停車的時候衝撞了前方和後方車輛；他事後回想，當時完全沒有意識到要踩煞車，而這場事故後來從父親的記憶裡消失，但是他說經常反覆夢見類似的場景。儘管告訴他確實發生過這樣的事而不是夢，他似乎並不接受。

問題是，即使發生過那樣的事，然後已經超過半年沒開車，他還是會在無意中提起自己的駕照現在不知道是什麼狀況。他說現在住的地方不太方便，沒有開車是不行的。只是說歸說，他搬回這裡之後，從來沒有自己去買過東西；而且他說到沒有開車不行的時候，應該是以為自己現在還是一個人過日子吧。

此外，有時候當父母健忘得很厲害，家人想安排他們就醫，他們會堅決不要。

以我父親來說，我是對他說明因為要利用長照服務的關係，必須去看醫生。失智症多半沒有病識感，所以如同前面曾經提過，也不太會為了提醒自己不要忘記某些事而去記錄些什麼。

不過，父親從很久以前就有健忘的毛病，跟他說起這些事，他倒是不排斥。年紀大了，誰都會記性變差，然而顧及到「要是剛剛才做的事馬上就忘了，很可能因此導致火災」之類的危險狀況，便說服他有藥物可以治療：「只是不到醫院去就拿不到，要不要去醫院看看？」由於父親之前在藥品相關企業工作，用藥物改善健忘的說法，他可以接受。

但有些父母對這樣說法極度排斥，他們會以為家人把自己當成精神異常的患者。有時候也可能發生「明明同意去就醫，人也到了醫院，結果卻氣憤地說要回家」的狀況。我還聽說過，也有人「把家人建議他至少該吃的藥

（經醫生處方的愛憶欣）全都燒掉了」，這對家人來說固然是很傷腦筋，不過，也可以將這樣的行動視為是他對自身所處的狀況做了適切的判斷。「我又沒有去看醫生，直接開藥要我吃很奇怪。」他這麼說也是言之有理。

安排就醫的時候也要費一番工夫，只能拜託他們說：「因為我很擔心，希望你可以讓醫生看一下。」當然這也很可能遭到拒絕。

父母並不想承認自己無能為力。尤其自尊心強的父母，更是不想坦誠面對自己沒有能力的事實。不過，很重要的一點是：不要錯過他們發出的求救訊號。

我想起某個小學生的案例。他有很長一段時間沒上學，一般這樣的情形都會勸父母再觀察，可是他有個迫切的問題需要解決——這個孩子每天只肯喝兩盒牛奶。由於正在發育期，只喝牛奶的話，說不定會危及性命，因此主治醫師建議他住院。問題是，這個孩子是否同意去住院。

他當時是把自己關在房間裡，完全不跟父母交談的狀態，唯一可能取得溝通的方式是寫紙條放置在房門外。

於是，他們在紙條上說明了現在的狀況需要住院，還有安排何時住院等等。因為孩子已經知道何時要進醫院，如果不願意去的話，當然也可以逃走。我聽到這件事情時，心想應該不至於會那麼做才對。安排住院當天，據說三個大人進了房間，直接扛起被窩裡的孩子，送上車帶到醫院去；此時孩子完全沒有表示抗拒，儘管他對住院這件事的態度消極，卻有著默許的意思。可以想見，情況已經發展到只靠牛奶沒辦法生存下去，但是孩子似乎處於一種「無法開口收回自己一直以來堅持的主張」的狀態。乍看之下，這樣的強制手段會讓人以為孩子根本無從抵抗，其實反而是在不傷孩子自尊心的情況下，回應了他的求救訊號。

照護的時候也一樣，當父母有著強烈的自尊心，知道自己已經無能為力的事，也不願意仰賴子女的協助——即便是子女主動開口要幫忙，他們也不會同意，這種時候就需要費點工夫，想辦法不傷他們的自尊心。

有時在無法用言語來表達個人意願的情況下，父母可能會像那個小學生一樣，間接用口語以外的其他方式，希望你做（不做）哪些事。現在回想起來，父親在進入養護中心的前一週，因為腰椎壓迫性骨折而住院，說不定就是在表明他不想去養護中心的意思。

子女也要放下權力

不論是出於自己的意願，還是被說服，當父母放下權力時，子女也必須要放下權力。

父母有時會做出危及自身安全的事，他們也可能沒有意識到自己正在做危險的事。前面提過我父親爬到桌子上要關空調的事，像這種情況，就必須以堅決的態度制止他。

除了態度堅決之外，必要時，甚至可能要大聲喝止以避免發生危險，但是不要夾雜任何憤怒的情緒在內。一旦伴隨著憤怒的情緒，就不再是堅決，而是威脅壓制了。

姑且不論因為父母無能為力就施以壓力這件事，其實用強烈的口氣讓他們順從，看似即刻奏效，但是因此而引發的副作用極為強大。

即使不是當事者，當他一靠近採取高壓態度的人，就算原本事不關己也會感到害怕。試圖用這樣的態度與口氣糾正父母的行為，或阻止他們做危險的事，將會破壞親子關係。

要保持不帶情緒的立場，剛開始也許不容易做到，即便能夠以沉穩的口氣說話，但是當對方馬上又重複同樣的錯誤時，要冷靜應對並不容易。然而也只能不厭其煩，告訴他哪些事危險、哪些事不能做。

比較合理的想法是：如果父母一再反覆做些讓家人困擾的事，或許可以思考一下傳達方式是不是還有改善空間。說得更嚴重一點，也就是對於「父母會停止做出問題行為」這件事不能夠放棄希望。當問題一再重複出現的話，可以在傳達的方式上再做改善。也許有人會因為「即使說了對方也不懂」而想要放棄，可是以高壓的姿態去糾正父母的話，不只無法改變他們的行為，還會令雙方感到不舒服。父母也許不記得發生了什麼事，不過當時的情緒應該還是會殘留。

當我溫和地對父親說明時，至少在那當下他會回應我：「我知道了」。沒必要揣測父母「該不會是明明不知道卻說知道」，對於他們所說的話照單全收就好，之後發生任何問題，到時候再說。因為有一天，父親終於對我說：「我不做那些你說不能做的事。」

退出權力鬥爭

父親因為忘記或弄錯了什麼，而被我質疑時，他會感到不開心，而且這種事常有。的確，我說的才是正確的，可是一旦執著於「正確」這件事上，我與父親便開始進入權力鬥爭。其實問題就在於：想要結束這場權力鬥爭時，試圖讓對方退讓的想法。

曾經有一天，我讓父親氣得不得了。十一點五十分。看了時鐘後的父親說：「我們來吃飯吧？」我雖然知道已經接近午餐時間，但由於手邊的工作欲罷不能，我說：「還沒十二點，再等一下。」每天我都會帶著書和電腦到父親家，一有空就寫稿。結果我那麼一說，讓父親激動了起來。

「你這傢伙就是愛計較這種小事。不是已經十二點了嗎？」

「我並不是閒在那裡沒做事，總要處理（工作）到一個階段嘛。」

如果沒有寫到一個段落就中斷的話，常常在事後要接著寫時，怎麼也想不起原本究竟打算寫些什麼。所以在那當下，我並不想退讓。如果是無意間超過了用餐時間的話，也許我會馬上去準備餐點，可是明明就還有時間。

於是，父親終於動怒。

「好！不用了。什麼都不用做。你不必管我！」

根本就還沒有錯過平常的午餐時間，所以我希望父親「再等一下」並沒有錯。

對我來說，這一點點時間有其必要而且不能退讓；可是，如果要為這短短的十分鐘與父親起爭執，還不如停下工作配合他，比較不會在事後留下一些疙瘩，格外耗費精神。假使這麼做會讓自己感到不甘心的話，即便過程中沒有表現出情緒，也算是陷入了權力鬥爭。「我並沒有錯！」當一個人這麼想的時候，就進入了權力鬥爭，而且這時候，對錯已經不再是主要的問題。

一般來說，當拒絕對方的要求，顯然會嚴重破壞彼此關係，在這種情況下，必須退讓。

雙方要建立一種不必非得爭個是非不可的關係，比方說，即使因為某些事情起爭執，也能退出權力鬥爭的話，生活自然可以過得比較安穩。

抱持寬容的心，不責怪父母

對於明明才剛吃過飯卻馬上忘記的父親，我雖然沒有責怪他，心裡卻有一種「很想讓他承認已經吃過飯了」的念頭，而且無法自拔。我心想，就算忘了已經吃過飯，肚子總該是飽的吧？可是一問護理師才知道，父親的飽食中樞說不定也有退化現象。

我年輕的時候，曾經每週到大阪的老師家裡參加讀書會。老師的母親與他們同住，大家一起讀著書時，老太太走進起居室說：「我吃過飯了嗎？」老太太這麼一問，師母和顏悅色地回：「吃過了唷。」當時還不曾思考過照顧父母這件事的我，雖然對於師母這樣的回答有些訝異，卻一直到自己開始照顧父親之後，才真正明白那麼做並不容易。

二十五年後，我也辦了讀書會。由於住

家公寓狹小，而我從小與父親同住的老家還在，便到那裡辦了好幾年的讀書會。不過就如前面敘述的緣由，父親搬回老家後，讀書會是否能夠繼續，不免令人擔憂。當時，我想起了年輕時參加讀書會的經驗。雖然後來配合讀書會的日子，將父親送到日間照護中心，不過父親剛搬回來那陣子，大家讀著書時，他就睡在隔壁房間。他發現有人，偶爾會走出來瞧一瞧。當父親看見家裡很多人，嚇了一跳，不過還是打了招呼；然後一覺醒來再走出來又嚇一跳，說了聲：「你們好！」

儘管如此，來參加讀書會的人都不以為意，甚至包容我父親的狀況，讓我感到很開心。這就好像養育子女的過程，當小孩哭的時候，要是只有父母其中一方在場，通常很難冷靜以對，如果是兩個人都在，心情上就比較有餘裕能夠包容孩子哭鬧。平時經常只有我和父親兩個人在一起，心情很緊繃，人一多起來，就讓我覺得發生了任何事也沒什麼大不了。我希望和父親單獨在一起時可以冷靜，不因些微的小事就心浮氣躁。因為就算是忘記已經吃過飯、一再跟人家打招呼說「你好」，也不會對任何人造成什麼實質的傷害。

認真但不必嚴肅沉重

養兒育女也是一樣，認真與嚴肅是不同的。照顧父母雖然必須用心認真，但不必因此而變得嚴肅。面對需要協助的父母，在照護上要很認真，即使是在「小心不讓他們受傷」這件事情上得顧慮周全、沒有疏漏；可是不必因為照護很辛苦，而眉頭深鎖、長吁短嘆，那麼做，其實是為了讓父母知道這件事究竟有多費力。要是像我父親這樣的狀況，他們是不會明白的。能夠坦誠面對自己內心的想法，應該就不會與父母產生摩擦，雖然實際上很不容易做到。

那麼做的另一個目的，是希望讓推託照護責任的人知道，這件事有多麼辛苦。當然，照護是辛苦的沒錯，但是要傳達這件事讓對方知道，不必一副看起來很辛苦的模樣。將辛苦寫在臉上，如果對方可以理解你的用意，並代為分擔的話，可說是達到了效果；然而，要是你那麼做，也沒能傳達出自己心裡的盤算，甚至對方就算明白了，也拒絕分擔照護的責任，想必會讓你的心情更加難以平復吧。總之，希望他人在照護工作上提供協助的話，直接說出來就行，不必為此將辛苦都寫在臉上。當然，有時候即使你以口頭請託，對方也不一定會接受就是了。

需要特別向他人強調這件事有多麼辛苦的時候，照護者本身的態度，比起認真，更像是過於沉重了。

對照護甘之如飴的心境

明知這麼寫即刻會遭到反駁，我還是要這麼說：照顧父母這件事沒道理不能甘之如飴。心情上不須太沉重，只要你是認真的，就能夠樂在其中。

我曾經聽說，某人因為父母表示希望可以帶他們出去走走，所以只要休假都帶著他們四處去玩。可是父母去過了馬上就忘記，事後還抱怨都沒帶他們去哪裡。其實，不是要做到「帶父母」去哪裡，而是如果櫻花開了，比起專程帶父母去賞櫻，更可以是「因為自己想要去看」而充分享受賞花這件事。偕同父母賞花，讓他們也樂在其中。

能這麼想的話，即使事後父母忘了賞花這件事，也不會因此感到辛苦不值或有所不滿；反之，沒辦法這麼想的人，就好像每週都要帶太太去哪裡的丈夫一樣。不要有「身為丈夫（父親）必須帶太太（子女）去哪裡」的心態，而是大家一起去，共享歡樂。對待父母也一樣。

無須為離開父母身邊找理由

我照顧父親那陣子，每週會有一天必須出外授課，所以照服員來到家裡之前，有兩小時左右，父親得要一個人待著。吃過早飯，父親幾乎都會再去小睡一下，我儘管心裡掛念著他，但還是得按時出門。不過總是在我出門授課那天，他要不是吃完早餐遲遲不去睡覺，就是睡沒多久馬上就醒來，然後以為自己早上沒吃，打算要進廚房。說起來，若這樣的狀況能留父親一個人在家、而我自己出門辦事的話，那麼其他日子父親未嘗不可自己待在家裡。

問題就是，當時我認為要留下父親自己一個人，必須有個正當的理由，例如外出工作。平常購物的話，大概都是在照服員來時或晚上才去，如果那段時間沒辦法去，也可以告訴父親我要出門買東西，並不是二十四小時都抽不了身。所以事實上，只是自己覺得父親在我外出時會有狀況，如果不是類似「要出門工作」這種特殊的理由，很難離開父親的身邊。

若覺得與父母關係不佳，面對他們就會焦躁不安，甚至發脾氣等等，這都是為了要將「無法照顧父母」這件事正當化的情緒。光是想到要去父母家就心情低落，也是一樣的狀況。並不是因為會產生這些焦躁、憤怒或憂鬱的情緒，所以沒辦法照顧父母；反而是先有了目的，也就是要將「不想去父母家」這樣的心情正當化，並為達成這個目的而產生那些情緒。要如此去思考，才能夠切實了解照護者身上所發生的狀況。

談論這些情緒之前，我們必須知道：如果是暫時的話，離開父母身邊並不成問題。那麼該怎麼做才好呢？其實不必為了離開父母身邊提出任何理由。換句話說，不必感到不安或憤怒等等，離開就是了；無須以工作為理由；只要離開就行了。

落合惠子在書中引用一位「持續照顧母親十年的繪本作家」所說的話：

「那天晚上，我在車站前的咖啡廳裡喝了咖啡。」

母親在等著，但是我並不想直接回家。作家心裡這麼想。

「不過，那一晚我無論如何就是想要慢慢品嘗一杯咖啡之後才回去。不管怎樣、無論如何就是想要那麼做。我不想直接就這麼回家。也不知道是不是我那還不想回家的心情傳遞了出去，母親或許想著不該再讓女兒如此疲累，隔天一大早，她就走了……」（落合惠子《為母親哼唱的搖籃曲》（母に歌う子守唄：私の介護日誌，暫譯））。

落合惠子在書中寫道，對於作家這番自白，也只能表示：「妳不要那麼自責。」

想必是因為繪本作家的母親在她喝了咖啡、沒有直接回家的隔天早上過世的緣故，讓她對這件事情有了強烈的印象吧。若與前面所說明的內容相連結的話，我認為，離開父母身邊既不需要理由，也不必為了「喝咖啡而沒有直接回家」這件事加諸特別的想法與執著。

「喝了咖啡才回家」，與「母親隔天一早過世」的事情當然沒有因果關係。我母親過世前，原本我是一直陪她住在醫院裡，但是正當我開始想到這樣的日子如果再持續一個星期，自己的身體會撐不住的時候，母親就走了。

為了這件事，我自責很久，現在終於能夠告訴自己：完全沒有必要那麼想，因為我當時的想法與母親的死毫無因果關係。這樣的事只要冷靜下來就能明白，然而陷入照護的漩渦時，會失去冷靜的判斷力，以至於變得無比沉重。

照護與養育子女的差異

早晚接送孩子到幼兒園的生活，我持續了七年半。雖然養育工作並不是到孩子進入小學就結束，不過孩子從原本沒辦法自己去幼兒園，變成不用父母接送也能獨自上學、回家，父母的負擔真是減輕不少。養育子女很辛苦，但是每天都能感受到孩子的成長，而且能夠期許他們，昨天做不到的事、今天可以做得到，今天做不到的事、明天或許就做到了。也正因為如此，不論與孩子共度的每一天有多麼辛勞，可以說，為養育子女所付出的一切，都因為他們的成長而有了回報。

相對於此，照顧父母卻與養育子女相反，所要照顧的對象有些事原本今天做得到、明天卻做不到，或是有可能無法再做了。如果成長令人喜悅，退化則使人悲傷；由此便說明了養育子女與照顧父母之間的差異。養育的責任在孩子自立後就告一段落，但照護卻得永遠持續下去，就這層意義來說，照護這條路不同於養兒育女，看不見「出口」。

然而果真如此嗎？出口其實是看得見的，只不過我們無法看見「何時」會抵達出口而已。所謂的出口，不用多說，就是父母的死亡。所以不是看不見出口，事實上是我們認為「不可以看見出口」。

沢木耕太郎的父親，八十九歲時因為腦溢血病倒，他寫下當時照顧的經過。沢木陪在父親病床邊時，察覺到自己極度疲累。他說，明明什麼也沒做，就只是坐在床邊的椅子上而已，竟然比通宵寫稿更加疲累。「是那種很深、很沉重，有如鈍痛一般的疲憊。」（沢木耕太郎《無名》）那是來自於等待的疲倦勞頓，一種不知道在等什麼，除了等待之外別無選擇的疲憊感受。

沢木說他就只是等待清晨到來、等待時間流逝，其實他應該知道自己並不只是等待著時間過去而已。

「我的念頭很複雜。」

父親就只能這樣等死嗎？我想要設法讓他活下去。可是人，終將面臨死

父親就只能這樣等死嗎？我想要設法讓他活下去。可是人，終將面臨死期的到來。「儘管有著莫名的不安。」現在該不會就是父親的死期？沢木心裡想。

我父親的狀況雖然不像那樣，已經近到可以看見出口，但是在「等待死亡」這一點上，與沢木的情形相同。

照護這件事，父親並不是我的第一次。母親因為腦中風過世時，我還是研究所學生。當時妹妹已經結婚，父親要工作，所以時間上比較自由的我就去醫院，一直陪在母親的病榻旁。休假日他們來換個班，平日我就是每天十六個小時陪在母親身旁。其實我就是「陪」在身旁而已，不是照護。由於已經是距今二十五年前的事，我不知道當時「照護」這樣的說法是否普遍，不過我所做的那些還不算是看護。因為母親住在醫院裡，而且是在加護病房，一切事情都有醫師和護理師會處理。當時雖然有些醫院還沒做到全面的看護，不過我之所以被吩咐要待在醫院裡，應該是因為不知道母親何時離開人世，萬一有狀況，院方希望有家屬陪在一旁。然而實際上，病情是難以預料的，母親對抗病魔的三個月當中，最後兩個月完全失去意識。

像這樣，實際上並沒有做些什麼，但是一直待在母親病榻旁的我疲累到極點。有一天我心裡想：這樣的狀態再持續一週以上的話，自己會撐不住。這段期間，儘管我不願意承認，我一直在等著母親死去，也就是到最後會出現那樣的想法。每當這樣的念頭一出現便引發強烈的罪惡感，這也是事實。結果就在我有了那樣的想法之後沒多久，母親離世，我在醫院陪病的日子畫下了休止符。當然，如同前面也提過，我心裡「再持續一週的話會撐不住」的想法，與「母親的死去」沒有任何因果關係，只不過，那樣的事愈去想它，愈是擺脫不了。我認為，當時即使母親沒死，而我在那之後也一直待在醫院的話，說不定我可能會罹患精神病之類的疾病，好讓自己與他人都能接受「我沒辦法陪在母親身邊」的狀況。

總之，結果就是母親的照護很快就結束了，而照護這件事確實是無法預見未來。如果我們只能用「等在前方的出口即是父母的死亡」、「陪伴就是在等待他們的離去」這樣的想法去看待的話，照護將會變得艱辛難熬吧。

然而，我認為並不是只有在等待而已。前面也寫到，我待在父親家裡並沒有做些什麼特別的事；但其實用長遠的目光來看，應該也不是什麼都沒做只有等待而已。事實上在不知不覺間，就好像父母期待孩子在自己身邊多待一點時間，而孩子卻很早就獨立了一樣，父母的離去也總是出乎我們意料的早，此刻的我是這麼想。

不用減法看待父母的言行

如果是孩子的話，時間的經過意味著成長，對父母來說，就真的不是那樣了。父母親在記憶或認知能力上的逐漸衰退，我們能不以退化的角度去看待嗎？

從「過去做得到，現在卻做不到」的角度去看，我們就只能用「減法」看待父母的言行。同樣的狀況，也會發生在父母對子女的看法上。例如，父母總是用心目中理想的子女樣貌，看待眼前現實生活中的子女；對父母來說，不沉迷於電玩、用功讀書、不違逆父母、順從聽話，就是理想中的子女樣貌。

然而現實生活中並不存在那樣的孩子，於是父母便以理想樣貌為基準，給現實中的子女扣分。孩子如果不去上學，即使是在家幫忙做家事也要扣分，父母會對孩子說：

「你不用做那些，去上學！」

不過只要是孩子，尤其是年紀愈小的孩子，當他們可以做到一些原本做不到的事情時，不論是多麼微不足道的事，父母都會感到開心。

然而換成是父母的話，由於過去無所不能，一旦這個不行、那個也沒辦法的時候，子女便會以過去為基準，給現在的他們扣分。雖然不至於開口問父母說：「難道連這樣的事都辦不到？」但這種今不如昔的狀況會讓子女感到沮喪困惑。

究竟該如何以「加分」的角度去看待？其實就是聚焦於「活著」這件事情上。關於這部分，容後再述。

懂得求援
也是一種獨立自主

要將照護這件事繼續拿來與養育子女做比較的話，就會遇上一個難題。也就是：養育子女的目標在於使他們獨立自主，但是照護能同樣以此為目標嗎？

父親說：「我認為我什麼都做得到。」

當父母明明無法自己完成所有的事，卻自認為可以的時候，負責照顧的人會很頭痛。而且當他們自以為做得到那些無法做到的事情時，事實上可能導致嚴重的後果，甚至發生危險。要不傷害父母自尊心，又能讓他們承認自己做不到，需要費點工夫。

父親幾乎可以說是連吃飯、服藥，以及其他一堆事都沒辦法做，對於他說自己什麼都能做，我感到很驚訝。不過也可以說，比起父母表示「自己什麼都不會，而且什麼也不做」來說，他們認為自己能夠做些什麼，即使是因為有家人的協助才能辦到，這情況更令人樂見。

其次，我認為有些人覺得「一切大小事都應該讓父母自己處理」的想法很奇怪。有些時候，即使是他自己做得到的事，旁人給予一點協助也無妨。看到有人站不太起來的時候，都會順手想拉他一把了，我不認為這麼做會有損父母的自立。受到協助的人，當然也不會因為人家伸手扶了自己一把就變得有依賴心，然後什麼也不做了。

田邊聖子所說的這段話，我也贊同。「如果說，花很長的時間終於扣好自己衣服上的扣子，這才叫做自立的話，也太奇怪了。所謂的照護，那種不假思索便伸手扶持對方行走的精神，是很重要的。」（田邊聖子《我的照護筆記1》（わたしの介護ノート1，暫譯））

我之前在醫院服務的時候，曾經扭傷了腳。那是在醫院工作結束後，打算去大學講課的途中，因為走太快在樓梯上踩了個空。幸好沒有骨折，但是超乎我想像的痛。經過醫生診斷，完全治癒需要兩週的時間。

於是我休息了兩週。一開始最頭痛的就是沒辦法去上廁所。由於廁所在樓下，下樓梯時不知道要怎麼使用拐杖，再加上痛得不得了，我只好借兒子的肩膀才有辦法下樓。我兒子欣然接受了這個任務，這是在他讀國中時發生的事，也是一段父母與子女角色立場互換的回憶。雖然是值得感謝的事，畢竟因為不習慣，心裡有些過意不去。

父親剛搬回來的時候，發生過這樣的事。同樣在那道兒子協助我下樓的樓梯上，父親因為要上廁所，顫顫巍巍地往下走；由於他動作慢，經常來不及就把內衣褲都弄髒了。直到現在，我才覺得自己沒能體會父親的心情，那時我認為既然會來不及，就把我扭傷腳那一次所用的尿壺遞給他，要他用那個就行，結果父親斷然拒絕了。

父親出院後，為避免他跌倒骨折，我趁他在住院期間特別將那道樓梯裝上扶手，後來卻一次也沒用過，就讓他直接坐便盆椅。這件事，父親一樣沒辦法立刻接受，他感覺到尿意時，還是打算往廁所去。不過因為他開始搞不清楚廁所在哪裡，因此我告訴他用便盆椅，他會再次確認：「這樣行嗎？在這裡？」

明明自己做得到卻要賴著別人，那是依賴、撒嬌，但是自己做不到而能向他人求援，這與一般界定的意義不太一樣，可以說是獨立自主。相反地，即使做不到的事也硬要自己來，就不算是獨立自主了。

照護休息站

- 建立不爭辯是非對錯的關係。
- 無須為離開父母身邊找理由，單純離開就行。
- 別錯過父母的求救訊號。

Chapter 4

年邁父母教給我們的人生意義

學會「活在當下」，靠自己的力量獲得幸福

以肯定的角度看待老化

認定「年輕才有價值」的父母，無論如何都想要避開老化這件事，不過那是不可能躲得了的。不用等到孩子來否定他們，因為連他們自己都以理想的樣貌為標準，用減法看待現實中的自己。

「說什麼『跟以前一樣都沒變』之類的話，也許就是在敷衍。說真的，年齡的變化確確實實寫在臉上，為什麼就是那麼惹人厭呢？」〔崛江敏幸《謀略者》（めぐらし屋，暫譯）〕

崛江敏幸讓小說中的某一個角色說了這段話。雖然有很多人希望自己的外表即使上了年紀也不留痕跡，看起來永遠年輕，然而那也只不過是「看起來」年輕，實際上並不可能青春永駐。

人生無法倒轉，身體也一樣。這些都是不可逆的，沒人能夠躲得了老化。人的年紀會增加，不過那並不是只意味著從青春步入衰老；我們應該也能由歲月的累積找到正向與肯定的意義。

如果父母親做不到這一點，希望身邊的人能協助他們以「肯定的角度」看待老化這件事。

慶幸沒有變化

常常聽到「別人的孩子長得比較快」這句話。孩子小的時候，時時刻刻要盯著看，每一天都很辛苦，根本感覺不到一年的日子過得有多快。旁人因為看不到這些日積月累的辛勞，相隔一段時間再見到的時候，不禁要為孩子的成長瞠目結舌，只是父母就沒辦法用這樣的角度去看了。不過孩子的成長依然有跡可循，總在不經意間才驚覺，原來有些他們之前做不到的事，現在已經可以辦得到了。

如果要說「父母的衰老」是否與「孩子的成長狀況」成反比，倒也不盡然。對於父親身上的變化，偶爾才見我父親一次面的人，就不如總是陪在他身邊的我那麼敏銳。至於很少碰面的人，則察覺不出父親有什麼不一樣。

我認為，如同養育子女的時候一樣，如果聚焦在他們「做得到」，而不是「做不到」的事情上，說不定會有些「昨天沒辦法做的，今天卻辦到了」的狀況。儘管實際上要找到他們能做的事並不容易。

換個方式，如果是要找出「跟昨天一樣沒有變化」的事情可就多了。雖然有些事情是突然就沒辦法做的，但一般大多隨著時間慢慢變化。短期來看，以今天和昨天做比較的話，沒有變化的部分應該還是相對較多；就自己與父母的關係上而言，「沒有變化」這件事是值得慶幸的。

切實感受此刻與他同在

相較於過去，我們會對孩子的成長驚訝不已，對父母的衰老無奈喪氣。其實，子女與父母如果都能珍惜共度的時光，就會覺得成長或衰老的進展速度是緩慢的。

我能切身感受與父親同在的那個時刻，就是我們一起笑著的時候。我想，那是因為當我們同時擁有歡笑時，我可以感覺到父親與我在意識上是朝著同一個方向的緣故。平時就算與父親在一起，他多半是朝著不同的方向。像是好幾個人一起吃飯時，父親並無法融入其中；或是當大家都還在的時候，只要他想睡了，他就會自顧自地關上那些原本因為太熱而敞開的門窗，準備去睡覺。我希望可以與父親待在同一時空，看著同一方向，我知道，當父親與我共同歡笑的時候，這件事便會實現。

不忘記過去，就無法聚焦於現在。我們也可以這麼想，失智症患者所過的日子，或可說是我們的範本。

「當時你是這麼說。」永遠記掛著過去是不幸的。如果是好的回憶也就算了，假使因為某些事而起爭執的話，回想起那些，不過就是搞砸彼此關係而已。

甚至可以說，事實上是因為先下定決心不要與眼前這個人保持良好關係，所以才從過去發生的無數個事件中，回想起與對方不睦的例證。

因此當父母不記得過去，就表示沒有必要再回想過去，過去曾經有過什麼樣的事，已經不再是問題。可以當成是他們現在想要與身邊的人建立良好關係，所以沒有必要再回想過去的事。

前面提過，我父親表示：「既然忘記了，也無可奈何。」接著他又說：「乾脆把過去的事全都忘掉，希望從頭來過。」如果因為曾經與某人處得不好，希望與對方重新建立關係的話，應該沒有人不想將過去的不愉快全都忘掉吧？可以說，忘記過去，其實並不像我們所想的那麼糟。

聽了父親的那句話，我心裡想，說不定他是想要這麼說：「既然忘記了也無可奈何，不過我想要珍惜從現在起的每一刻。」這不是放棄退縮，而是表明了朝向未來的決心。而我們這些陪在身邊的人將感受到那份決心，並能夠給予協助。

體會父母反覆說同一件事的樂趣

有些時候，「記憶的篩選」在旁人看來會覺得不可理喻，不過我認為，要是沒什麼實質的害處，倒不必非得糾正或硬要對方回想起來不可。

我曾經聽說有人給自己的母親看一些相片，好讓她接受丈夫已經過世的事實。我聽到父親已經不記得母親的事情時，感到很難過。儘管我告訴父親，在這個他現在搬回來住的老家裡，父母、妹妹和我曾經一家四口共同生活，後來母親過世後我結了婚，父親與我還有我妻子一起過日子的事，他都說不記得了。之所以感到難過，是因為當父親說不記得母親的事情時，我覺得彷彿連我的人生也跟著一起消失似的。即使不是那麼遙遠的過去，當一件事情只發生在你與對方之間的時候，一旦對方表示不知道或不記得，你便無法證明事實上真的有過那麼一回事。

然而，覺得「父親忘記過去，就好像我的過去也跟著消失」並為此而難過，不過就是我的問題罷了，根本不關父親的事。父親忘記了母親，還有一些我認為重要的事，只是因為他認為「現在」沒有必要想起那些，所以記不得了而已。

前面引用過鶴見俊輔的那句「老邁是個過濾器」，後面接著是這樣說的：

「相信並依賴
透過老邁而停留在心底的
那些事物。
老邁是個過濾器。」
（《鶴見俊輔：歷久彌新的思想家》）

因為某些原因，有些事忘了，有些則停留在心底。身邊的人必須給予信任。有些忘了的事，由於某種狀況，例如談話中提及了過去，而使父母回想起來，即使他們因此感到痛苦，這樣的情緒感受也只能由他們自己去解決，我們沒有辦法阻止父母回想起過去。

但是像那種給父母看相片，硬要他們想起些什麼的做法，說不定只會讓他們更感到困惑。當然，如果因此而想起些什麼傷心難過的事，像我父親，假使是不必要的事，他馬上就會忘得一乾二淨，倒也不必太擔心。

所以父母就像這樣，有時候會突然想起一些看似早已忘記的事。比方說我父親，有些事並不會因為一旦忘記了就再也想不起來，我常常因為他把一些事說得好像從來沒忘記過似地驚訝不已。

對父母而言，一再反覆提到的事就是重要的事，希望我們可以用心去聽。只是實際上，不斷聽到同樣的內容時，傾聽的一方相當辛苦，這其實是需要一些方法去調適。我有一位精神科醫師朋友提到，他的祖母常常會說沒兩句話就問：「這件事我之前是不是說過了？」然後他會答說：「之前也聽您說過了。不過奶奶說的事不論聽幾次都很有趣。」

請注意聽聽看。並不是每次都說著完全一模一樣的內容。即使說著同一件事，應該還是會出現「重點不一樣」，或是「內容有所增減」等等變化。反過來說，如果父母每次必定說著完全一樣的內容，集中注意力聽聽他所說的一字一句是否毫無變化，聽起來就會很有意思。一旦傾聽的一方心裡覺得「怎麼又來了」、「又說同樣的話」，自然無法從父母一再反覆提及的話題中找到樂趣。

我父親當年還沒等到徵兵，就自願加入了預科練（海軍飛行預科練習生），是因為受到比他年長許多的哥哥影響。父親認真地在奈良受訓，不過幸運的是，在他進入實際飛行訓練之前，戰爭就結束了。如果戰事再拖久一點，說不定他早就以特攻隊員的身分戰死了。

訓練過程中，他曾有一次被野馬式戰鬥機在極近的距離用機槍掃射。父親比劃著住家旁的那條馬路，「差不多就從這裡到那裡的距離。」告訴我當時那段恐怖記憶。

「實際上說不定是從更遠的地方就開始掃射了。那時候深深體會到死亡的可怕。」

當我問父親為什麼自願去參加，他回答說：

「根本沒想過是為國家什麼的。反正到了二十歲就非得上戰場不可，乾脆早點去。想說趁大家從軍之前，我多少先來立個功勳之類的。從軍是光榮的事，就只是這麼單純的想法而已，沒考慮過死這件事。」

戰爭結束，父親回來。

「我在八月二十五日左右回來。結果在那前一天，我爸爸過世，家裡正忙著辦喪事。他是營養失調，而我媽媽是因為肺浸潤，十二月走的。」

兩人都才六十幾歲而已。

雖然我聽到這段內容時，立刻就寫了下來，但是我在其他日子裡聽到的卻是不一樣的故事。戰爭結束後剛返鄉的父親，鄰居找到他說：「你趕上了，真是太好了！」原來當天是他母親的葬禮，而他的父親早已過世。

這兩種版本，都是父親搬回這裡之後說的。而早在這之前所聽到的另一個說法，是兩位老人家都在我父親從軍期間就過世了。

總之，我覺得這些內容有些地方說不通，原本想要好好問個清楚，卻沒那麼做。父親並沒有出征到外地去，他在奈良若草山拍攝的相片還留著。當時難道連父母亡故都不能回家一趟嗎？即使不能回來，我不認為連他父親病死的消息都沒辦法用某種方式轉告他。

只不過，重要的不是真相，而是對我父親而言的事實。對於述說著被機槍掃射、雙親死亡等等內容的父親來說，眼前自己所在的這個世界，或許讓他有著強烈的恐懼。一再提及有關父母過世的話題，說不定是因為父親對於自己的死亡有些什麼樣的想法。

沒多久，父親不再提這件事。取而代之的，前面也寫過，是不斷說起「之前那個家」的事。所謂之前的那個家，是指父親結婚前生活的地方，他把那個家以及附近的樣子描述得很詳細。父親是過繼給叔叔家當養子，在那之前，他的妹妹已經先當了養女，因為原本要繼承那個家的兒子病故了。

「媽媽（叔叔的妻子）是個很嚴厲的人，所以他們不好相處。於是我就去當了養子。因為我是男生，而且白天要去工作不在家，相安無事。」

像這樣，父親所談論的回憶中，或許因為我母親曾經是祖母（叔叔的妻子）刁難的對象，並沒有提到她的事。

但是概括來說，父親所提及的昔日回憶都是美好的，那似乎是一段會讓他說出「可能的話，很想要回去」的快樂年代。父親以正面肯定的角度回想當年的事，這代表眼前的日子對他來說並不是那麼地辛苦。

因此，我在察覺父親身上的變化之後，不會責怪他談論「之前那個家」

的事，卻完全忘記我母親，以及進入養護中心之前由我照護的那段日子。對於他現在可以天天過得平靜祥和，我感到很開心。

不是讓他回想起來，是從頭再來

看著對許多事漸漸失去理解力的父親，我在想，如果是妻子罹患了失智症，而不認得我了，我會怎麼做？要是妻子忘了我，那麼便從那一刻起再談一次戀愛就行，我是這麼想的。即使給她看些相片什麼的，告訴她說：「妳是我太太喲。」也找不回那份愛。雙方的愛無法在過去進行，只能從此刻建立。當然，未來的事誰也不知道。不論是不是失智症，必須抱持著每天更新彼此關係的心情，認清這段關係並非來自昨日的延續，而是在今天重新展開。

不用試著讓他回想起遺忘的過去，而是現在開始重來。每天更新這份愛，這件事與是否生了病沒有關係。

據說某一天，有人給我父親看了相片，

讓他回想起母親的事，當時我並不在場。想起來的那一刻，父親究竟想到些什麼呢？是母親的容貌嗎？還是與她共度的日子呢？我不認為他回想起的是過去對母親的那份情感。

東京的姑丈來探望我父親。這位姑丈的妻子是父親的妹妹。當時父親自顧自地說著姑姑也來了，即使我告訴他：「姑姑很久以前就過世了。」也只是讓父親心裡微微泛起一絲漣漪，他隨即又轉開了話題。

失智症就好像牙齒要掉的時候一樣。掉牙之前，儘管搖搖晃晃，還是想辦法撐著點用，一旦掉了，就再也回不去。掉落的「過去」就像智齒一樣，因為很大一顆，難免令人吃驚，只是這顆牙現在已經派不上用場了，是吧？我父親總是自在地穿梭在各個時空裡。「那是靜子（父親的妹妹）嗎？」這個問題應該不是在問我。對父親來說，我到底是誰？「是誰都沒關係啦。」這也算是答案嗎？我陷入深思。

用對方的邏輯
重新審視這個世界

與父親對話時，由於其中有脈絡可循，所以有些人聽了也察覺不出哪裡不對勁。雖然沒有不對勁，但是比方說，父親不認為我已經結了婚，結果臨時幫傭聽信我父親的說法，曾經找我一探究竟。父親所說的話，就像夢境一樣，夢中的一切都合乎常理，但是不論多麼有道理，夢終歸是夢而不是現實，眼睛一睜開就結束了。抑或者，就算沒有醒來，一旦開始意識到「這該不會是夢吧」的那一瞬間，貫穿夢境的那一套邏輯便露出破綻。雖然從某個部分開始自成一套道理，但就像空中樓閣一樣，一覺醒來，樓閣崩塌杳無蹤影。父親的那一套邏輯，有些部分就像不會醒來、持續做著夢一樣。曾經有認識我的人對父親說：「不是吧？令郎應該已經結婚了吧？」「沒有，我並沒有參加過他的婚禮。」被他如此有自信地這麼一說，提問的人反倒開始信心動搖也說不定。

常有人說，即使他們所說的內容再怎麼荒謬，都不能予以否定。我認為，與其說不要否定他們，或許可以說是：要試著以對方的邏輯重新審視這個世界。

沒有必要否定不具現實基礎的個人邏輯，如果要說有哪種狀況是必須予以否定的話，那便是當他的想法對自己或他人造成危害的時候；在那種情況下，一定要態度堅決地制止他。那些表示「會聽到某種聲音叫他要去傷害自己或他人」的人，必須告訴他們，就算聽到那樣的聲音也可以不理會。除此之外，是沒有必要否定他們個人的那套邏輯。

我父親經常忘記自己是否已經吃過飯，這種情況下，我從「你不是才剛吃飽嗎？」這樣的回答，轉變到可以用「晚餐剛才吃過囉」這樣的口氣說話，花了一段時間。

有一天，早餐過後又去小睡的父親，十點左右神情凝重地醒了過來。這差不多是他因為身體不適住院兩個月後，剛出院沒多久的事。

「今天之內要回去。」

我一聽嚇了一跳，先讓他在沙發上坐了下來，問他什麼事。原來父親認為這裡是暫時的住處，必須要回去「那邊」才行。

「原來是這樣。不過，你不用回去其他地方。這裡就是你家。」

「你說這裡是我家？」

「沒錯啊。去年你從原來住的地方搬到這裡來。這個家，是你結婚之後住的地方。」

「那我就不用再到其他地方去了是吧？我還一直在想，不回去不行了。你看，那邊有棵樹吧？上面的部分讓人修剪掉了欸。當時我就在想，雖然到了春天還會長高，可是我明明馬上就要回家了，為什麼那麼做呢？」

「你看，現在從這裡看電車看得比較清楚了。以前你都是從這邊盯著窗外看，還記得嗎？」

「啊，我記得很清楚。那個花叫什麼呢？是山茶吧？小鳥常常會飛來那邊。之前我那樣看著，心裡想這些鳥真是會找地方。對呀，我記得很清楚……」

接著從這裡開始所說的話就脫離了現實。

「是年底的十二月三十日。那邊蓋了兩棟白色的房子。我覺得像這種歲末年終的時候蓋房子，讓人很訝異，而且突然蓋了白色的房子更令人吃驚。」

父親在十二月三十日已經住院了，而他所說的「白色的房子」，其實早就有了。

冷靜跟他對話的當下，他似乎是可以理解的。過分認真地去糾正他，其實無濟於事。

父親看起來是如此悠遊自在地穿梭在時空中。只要他現在是平安舒坦地活著，不論他認為自己是活在哪個時代、什麼地方都行。即使父親因為不記得這個那個而使得家人震驚、困惑、失望、沮喪或傷心，家人也只能設法克服解決，不可能讓父親自己去面對。換句話說，不可能因為家人不想感到傷心困惑，就叫父親停止活在專屬於自己的世界裡，強迫他回到現實生活中。

只能由照護者進入失智症患者的世界裡，無法反其道而行。我只能努力嘗試理解父親所在的世界裡所運行的那套邏輯。光是批評那套只適用於父親

的邏輯是錯誤、奇怪的，恐怕也無法改善任何事吧？（要以何種標準來判定才算是「善」，也很難說）

個人的時間軸
與共通的時間軸

幾年前因為腦溢血倒下，住院很長一段時間的作家辺見庸，他在文章裡提到，雖然每天會被問：「你的名字是？」「一加一等於多少？」或是「今天是幾年幾月幾日？」覺得被當成傻瓜似的，但實際上他就是答不出那些問題。能夠正確回答這些問題，是為了回歸「現實世界」所要具備的資格，辺見卻答不出來。

「我恐怕是想要活在自己的時間軸裡，應該是不想要從屬於這個世界吧。」（辺見庸《我與馬里奧・賈科梅利》（私とマリオ・ジャコメッリ，暫譯））

即使有些勉強，醫療人員往往還是試著要將病患拉回彼此共通的世界，其實有些人就算不知道今天的日期，一樣過得很好吧？

或是也有人不懂算術，卻並不感到困擾對吧？

辺見在書中寫到有一天某位「『失智』老太太」（之所以用『』這樣的括號，是因為辺見反對這種歸類方式），不知道為什麼在對方問問題的時候睡著了。不過這位老太太其實並不是睡著，而是「裝睡」，她藉由這樣的方式撐過了那些提問的過程。題目一問完，她睜開眼睛朝辺見眨了眨。

「那表情是在說：『你看，竟然問這種笨問題。』」（前揭書）

然而，病患如果是處在一個「完全容許他活在個人時間軸」的環境下，那倒還好。能夠獨自生活的狀況暫且不提，如果是無法獨自生活的話，就非得與他人共同過日子不可，如此一來就有了共通的時間軸；但如果對此沒有某種程度的認知，就很難與他人共同生活。

無論病患是否期望回歸到擁有共通（共有、普遍）時間軸的世界，不管恢復的程度如何，都還是必要的。除非病患可以自己一個人活著，那又另當別論。

我曾經接受心臟繞道手術。從麻醉狀態一醒過來，身上的管線立即被拔除，我感覺是從一種與其說是個人的時間，更像是沒有時間的世界，硬被拉回共通的時間軸所支配的世界。意識一恢復，我知道在我沒有知覺時，已經過了很長一段時間。如果是睡著的狀態，由於並不是失去意識，即使很模糊也能感覺到時間的流逝。但是全身被麻醉就像布幕突然落下似的，「自己」和時間都一起消失不見了，因為肌肉鬆弛劑而處於動彈不得的假死狀態下的我，應該是在獨自的世界裡極度靠近死亡邊緣。在那過程中當然毫無意識，什麼也不記得，只是自己明明經常對死亡感到害怕，在被拉回現實世界時，心情卻彷彿是「難得一場好夢被那不知趣的鬧鐘給喚醒了」一樣。

另一個問題是，因為生病而從這個世界進入只有個人時間軸的世界時，這種脫離的狀態是不可逆的。以我父親來說，要復原恐怕是很難，只不過這所謂的「復原」對父親來說是否果真就是好事，卻不見得必然如此。父親並不記得我因為心肌梗塞病倒，接受繞道手術的事，但是我在想，如果某一天突然煙消雲散時，他或許會對我一直都待在他身旁感到疑惑不解。我甚至還想到，假使濃霧散去，回到了現實中，父親究竟會說些什麼？屆時，我說不定會像一開始所提及的那名男子，在被母親問到：「你不用去上班嗎？」時一樣感到困惑吧。

所謂活在現在式的世界裡

起初，我還因為「父親早上到外面散步，到了傍晚就忘記」而感到吃驚，後來父親演變成剛剛才說過的話、一起做過的事，也都不費吹灰之力忘得一乾二淨，雖然這樣的狀況不久之後便會習慣，但恐怕不是只有我，大多數人在進行照護時都會因此而困惑。不論試著做些什麼，父母隨即就忘記，讓人感覺徒勞無功，心情難以平復。

如果把這一切當作「父親腦子裡只有現在式」的話，有時是可以充分理解他的言行舉止，只不過之後立即回頭再看，卻不一定每次都行得通。我用過去式對父親說話，在還沒有聽他說之前，已經預設他會給出什麼樣的答案，是因為我心裡期待他能夠正常地對答。

看起來，父親似乎是在日常生活中，自由自在地將現在與好幾個過去連結在一起。他的時態裡面沒有過去式，他只用現在式。

有一天，他和護理師聊到了飲酒抽菸的話題。父親說：「現在不太喝酒了，只有應酬的時候小酌一下。」當然，他「現在」已經沒有「應酬」。父親看起來就好像站在「不是現在」的過去時間軸（不特定的時間點）上過著現在的生活。

的確，由於那一段「過去」在回想起來的當下，可以算是「現在」，倒也不能說父親是錯的。不過實際上的現在、現在回想起來的那段過去、還有依時間先後順序列出那些過去的事，他雖然有可能做得到，卻做得不好。

父親有一天對護理師說：「像這樣一直靜靜待著，呼吸是順暢的。不過，我有心臟衰竭的問題，因為已經是治不好的，所以也沒辦法，只要一動，去一趟『一樓的』廁所再爬上來，就會喘不過氣。」

父親在說這段話的當時，已經不會用到樓梯了。由於那件事我知道，所以我明白父親所說的不是現在，而是過去要上下樓梯的那段經歷。提到自己還在用樓下廁所這件事的父親，看起來是沒有過去與現在之分的。

我曾經聽過父親在護理師問到排便問題時，回答說：「哎呀，最近都沒排便呢。」可是實際上他都用浣腸的方式控制得很好，而且那也正是護理師來探訪的工作之一。其實這些事應該也不能算是他無法區分過去與現在的例證，因為他已經失去過去的記憶了。

成為父母的夥伴

只不過讓父親等了十分鐘，他就生氣了。

「好！不用了。什麼都不用做。你不必管我！」

惹得他說出這段氣話的過程，前面已經提過。當然，我不可能丟下他不管，立刻就去為他準備午餐。像這樣的事，幾乎稱不上是周邊症狀，過去與父親共同生活的日子裡，或許也發生過一樣的事。

一端出餐點，父親馬上就忘記剛才的爭執，笑咪咪地說著：「我要開動了」，這倒是從前不曾有過的情況。以前如果發生了像現在這樣的爭執，因雙方摩擦所產生的緊張感，不會立刻緩和下來。父親現在能夠就此忘記，我卻做不到這一點。當下所產生的情緒波動，總是遲遲無法沉澱下來，儘管心裡覺得：既然父親都那樣說了，我真的應該要放下。但想一想，自己根本做不到，而且當真地鑽起牛角尖來了。

要說「看得懂時間的父親」是否就算是活在共通的時間軸上，其實並不算是。像這種八點、十二點、五點固定要端出餐點，如果時間到了、沒有東西上桌就會生氣的情形，正是因為沒有活在共通時間軸上的緣故。一般就算訂了時間，也可能因為當天的狀況而有所延遲，除非時間晚了很多又另當別論，否則與他人活在共通的世界裡，就意味著能夠接受因為當天狀況而有所誤差的結果。要不然，我會認為：難不成要他再等十分鐘的我，才是活在自己個人時間軸上的那個人？

家人拚命糾正父母的錯誤，會讓父母在家中失去立足之地。父母所說的內容也許不是事實，但是希望家人能夠接納這種「『對父母而言』的事實」。只要不是對父母有危害的，即使並非事實，也希望沒有任何人駁斥他們所說的話荒誕無稽，必須要有人接納他們。

所謂接納，並不是非得認同父母所說的不可，只是當每個人都否定父母所說的，甚至否定他們犯下的錯誤時，父母身邊就連一個夥伴都沒有了。

是否能認知他人的存在？

當父親待在自己的世界裡不打算出來時，或者我不是父親眼中的他人時，還有父親無法認知我是他眼中的他人時，照護就成為一件磨人的事。這裡所用的「不是他人」的說法，其實沒什麼艱深的哲理。就是感覺到好像有誰在盯著我們瞧，但眼睛一抬或頭一轉，才發現原來不是人而是人偶的時候，我們會鬆一口氣。因為人偶不像人，沒有感覺也不會思考。

當我們感覺有人在看，結果一抬頭發現真的有人在盯著我們看時，就會覺得不好意思。鏡子裡映照出我們的身影，鏡子對於映照在上面的影像不會有感覺，也沒有任何想法，可是鏡子裡那個看著我們的人，由於跟我們一樣有感覺、也會思考，所以讓人覺得不好意思。

和父親在一起的時候，當然父親是人，有感覺也會思考，可是我不認為父親看我就像我在看他一樣。我問父親什麼問題，他會回答。當我到養護中心去探望他的時候，會問他：「身體好嗎？有沒有哪裡痛？晚上睡得好嗎？」父親會回答說：「我哪裡也不痛，飯很好吃，晚上睡得很好。」可是父親絕對不會詢問我的狀況，以至於讓我心想：「父親是不是對我毫不關心？」這就是我所說的「父親沒有將我視為他人」這句話的意思。

我認為，對失智症而言的「復原」，就是如前面所說的——能夠認知到他人的存在。相較於「剛剛才做過，馬上就忘記」的這種記憶障礙的復原，「認知他人」這件事看起來似乎難度更高。不過以我父親來說，他偶爾還是有辦法認知到我這個「他人」。

前面提過關於日間照護中心的效用。如果要說日間照護中心具有療效的話，那就是來自於「與其他使用者、工作人員的溝通交流」。不過我看父親在安養機構的狀況也是一樣，工作人員對他說話，但是他並不會回問些什麼，與同樣住在機構裡的人也很少對話。其中雖然有些人會找別人搭話，不過被搭話的一方無動於衷的情形很常見。

忘了是哪一天的傍晚，父親疲憊地從日間照護中心回到家裡。飯後他一個人發著呆，突然問了一句：「在下雨嗎？」我回答他：「現在雨停了。」他馬上就說：「趁現在回去吧！路上小心，我也要睡了。」

父親這麼說讓我嚇了一跳。父親常常看起來一副「不知道自己在哪裡」或「為什麼在這裡」的模樣，然而從父親這句話卻能明白，他知道我住在哪裡。

前面說明「理解判斷障礙」的部分時提過，父親並不認為我已經結婚。母親過世後到我結婚前的一小段時間，我和父親住在一起，我們兩個都沒做過飯，於是即刻陷入窘境。吃外食幾乎吃到膩的時候，父親說：「該有人來做飯了，這樣下去不行。」該做飯的這個人，不用說當然就是我；從來沒下過廚的我，生平第一次買了食譜開始學做菜。

就這樣，父親自己完全沒打算下廚，總是我在做。由於我沒有正職，父親會責備我，要我快點找個像樣的工作；但儘管他這麼說，研究單位幾乎都沒有職缺，我也無可奈何。只是這樣的狀況，父親應該無法理解。對於從學校畢業後馬上就職的父親來說，我已經過了三十歲卻還沒有正當職業，想必是超出他可以理解的範圍吧？

也是因為這樣，我的時間相對比較自由，不論父親接不接受，這就是事實，而父親也漸漸將這樣的狀況當成了生活常態。有一天我突然想到，父親的認知該不會就那樣停留在當時了吧？難怪我每天待在父親家裡，他什麼也沒說。前後這麼一想，是可以說得通，不過，有時候父親看似以為我還跟他住在一起，卻又不盡然如此。因為一段時間之後，父親說出夜裡一個人在家的不安，他問：「不能一起住嗎？」當我回答說：「不行。」之後，我因為他用強烈的語氣反問：「為什麼？」而嚇了一跳。

我認為，父親的復原不在於「回想起遺忘的過去」，或是「不再忘記剛剛才做過的事」。父親說要我早點回家的那句話，是認知到自己身在何處的佐證，即使狀況維持不久，也算是復原的徵兆。

父親說要我早點回去的時候，他了解我所處的狀況。在那當下，我是對父親而言的「他人」，我能夠以這個「身為他人」的父親眼中所見的「他人」身分存在。如果要說失智症可以復原的話，就在於能夠認知他人的這件事情上。

不要問試探性的問題

關於「已經吃過飯」這件事，雖然罹患失智的父母不是每次都會忘記，但如果是吃過飯沒多久就會忘了的話，應該沒必要刻意去問他們是不是記得自己已經吃過飯。這種試探性的提問，會破壞你與父母之間的關係。

忘了是哪一次，我讓太太暫時代為照料父親。我稍後去到父親家裡，她已經讓父親用過晚餐了。那時候，我問父親是否已經吃過飯，其實我不用問就已經知道他用過餐了，根本沒有再問的必要。結果父親是這麼回答的：

「如果我說不記得有沒有吃過晚餐，你會再讓我吃一頓嗎？」

說著大聲笑了起來。跟他在一起，雖然

有著種種狀況與辛苦，這一瞬間，卻是意外來臨的幸福時刻。父親這麼一笑讓我鬆了口氣，但有一種被他將了一軍的感覺。

不要期待父母的「感謝」

一旦認為對方地位比較低，就會在遣詞用字上顯現出相應的態度。不論父母還是子女做錯了些什麼的時候，會拉高分貝大聲斥喝他們的人，是因為把對方的地位看得比自己還低的緣故。

會稱讚孩子，也是因為以上對下的態度，認為孩子辦不到某些事，結果當他出乎意料辦到的時候，就說出類似「很厲害嘛！」這樣的話來誇讚他。我認為這對孩子來說是失禮的，即使不是有意識地這麼做，就是會在無意間用「很厲害嘛！」「做得很好唷～」去評價孩子。這樣的狀況不是只針對孩子，在大人之間也看得到。

有必要省思一下，我們是否對父母做了同樣的事；再者，就算自己沒有用那樣的說話方式，當我們聽到父母身邊的人用「很厲害嘛！」這類的話誇讚他們時，身為家人的我們會感覺不太舒服，也是基於同樣的道理。

無論是孩子或罹患失智症的父母，都是與我們對等的，原本就不該責備也不該稱讚。

以上所說的內容，也可以套用在自己身上；換句話說，我們也不可以期待被他人稱讚。就我的認知，「謝謝」這個用詞是聚焦在貢獻之上，是不同於有能力者對無能力者那種上對下的評價與稱讚方式。只不過要是連這樣的「謝謝」，我們都對此有所期待的話，便與想要人家稱讚的孩子一樣了。所以很遺憾的是（相信也有人這麼想）——照護者未必該期待父母的感謝。

以我父親的狀況來說，明明過去是從來不會說「謝謝」的人，後來卻變成為他端出備好的餐點，他一定會說「謝謝」的人。聽到人家說「謝謝」當然是開心的事，但如果因為沒有得到感謝便心生不滿的話，那就太奇怪了。對父母有所貢獻本身就是一種喜悅，對於非要得到父母感謝才會滿足的人來說，「照護」這件事會讓他覺得很難熬。

以「存在」的層級去接納、鼓勵父母

有一位我從幼兒園就認識的同學媽媽住在我家附近，我們經常在路上遇到。有一天我問她：「您今年高壽呀？」她回答我「八十？還是九十吧？」然後又說：「你也長大了呢。」讓我聽了有些尷尬，應該是因為還記得我小時候的事吧。後來一陣子沒見，正有點擔心的時候，某天早上經過老太太家門口，她叫住了我。當時她正幫忙看管通勤的上班族及學生的腳踏車，一大早就當班了。我心裡想，原來是因為有些事情做，難怪精神奕奕。

當孩子生病發燒而病懨懨時，儘管父母平時會因為孩子太好動而覺得疲於應付，這種時候卻只希望孩子趕快康復，無論如何只要活著都好說。其實平常就該保持這樣的心情，而不要只在他們生病時才這麼想，只不過大多數父母總在孩子恢復健康，就忘了當時的感受。換句話說，父母能夠以「存在（生存）」的層級接納孩子的話，即使平時因為孩子的行為表現，而多多少少影響了心情，應該還是可以容許的吧。

以子女的立場面對父母時也一樣。能夠以存在的層級接納父母的話，比方說，就算有些事情昨天做得到、今天卻做不了，也不會是什麼大問題。由於我父親晚上是自己住，所以直到隔天一早見到他為止，我心裡都是忐忑不安的。通常我到的時候，他都已經起床了，如果發現他沒起床，到房間一探頭見到他還在睡的話，我會開始擔心。這種時候，為了確認父親有沒有在呼吸，我會屏息仔細觀察他胸口的起伏。知道他在熟睡，便鬆了一口氣。「還活著，太好了！」與父母之間的關係如果由此開始的話，往後不論任何事都會讓你覺得具有正面意義。

看起來似乎什麼事也沒做的父母，有時候在他們過世後，家人關係齟齬不合時才開始察覺到，其實父母所代表的精神象徵，對於整個家庭的融合團結是有貢獻的。

前面提過，經常以生產力來評斷個人價值、認定生產力是人生中唯一價值的人，當他們年紀大了，什麼也做不了的時候，就會感到悲傷失落，而決定逃避現實。如果家人能夠察覺父母所做的貢獻，並給予鼓勵的話，說不定就能減緩失智症的惡化；然而，事過境遷才為了沒能做到像這樣的鼓勵而懊悔，也無濟於事。

愈是活在「不具生產力就沒有價值」這種信念之下的人，愈是希望讓他知道，「此刻活著」本身就是一種貢獻。

父母的健在
即是對家人的貢獻

父親過去長期獨居，從某一段時間開始，他在電話裡的聲音變得很虛弱。由於他經常抱怨身體不舒服，我總是掛了電話之後感到憂心。

四年前，我因為心肌梗塞進了醫院。這麼一回想，當時的父親很硬朗，他甚至還到醫院來看我。我想，那時候的他應該充滿了貢獻感吧？雖然因為子女生病才感到能有所貢獻，說起來好像不是什麼值得開心的事，不過比起完全不必擔任何心來說，永遠擔心掛念，甚至對子女過日子的方式有所不滿而生氣或不安等等，反而使父母看起來更加有活力。

面對年邁的父母，不須聚焦在哪些特別的事情上；甚至可以說，就算你想要那麼做也辦不到。完全只關注「能夠做些什麼才有價值」的人，面對有可能昨天做得到，而今天已經做不到某些事的父母時，將變得無言以對。其實，如同前面所說的那樣，父母並不是什麼也沒做，他們的健在就是對家人的貢獻。

對於這樣的事，有必要開口說出來。不要因為覺得是家人，所以嘴巴不說也應該知道；或許該說，正因為是家人，更需要口頭上的表白。就算是一點點小事，也可以說聲：「謝謝。」像是「因為對方把飯菜都吃光光，讓你感到很開心」的時候，或是「爸爸因為有媽媽在，而感到安心」之類的感謝都可以。

我認為我父親年輕時不曾那麼說，但前面也提過，他在搬回這裡之後，只要幫他準備餐點，他就會對我們說：「謝謝。」我年輕時，與父親兩人共同生活，他似乎也沒說過這樣的話。其實就算不是這種感謝的話語，父親曾經告訴我：「因為有你在，我才能安心睡覺。」也讓我很開心。如果我們聽了這樣的話會開心，那麼也跟父母這麼說就對了。對父母這麼說，是希望讓他們感覺到自己有所貢獻，這並不是針對他們做了些什麼特別的事；若是只針對特別的事項才表達感謝，反而會使父母因為「自己已經什麼也做不了」

而受挫。

由於父親除了吃飯的時間之外，幾乎都在睡覺，所以我不是對著電腦打稿子，就是在看書。曾經有一次跟朋友提起這回事，他說：「有爸爸盯著你做事真好。」讓我大感訝異。的確是那樣沒錯，如果在自己房間裡工作，一覺得累就會找其他有的沒的事來做，應該就沒辦法專注。所以多虧這樣，我每天都讀了好多書，寫稿的進度也很順利。

當父母明白自己不必特別做些什麼，也能對家人有貢獻的話，他們就學會了不做一些讓家人焦躁不安或發怒的事。對於父母，家人該關注的不是那些令人傷腦筋的事或不當的行為，而是他們的貢獻。不必針對特別的事，只要聚焦在父母依然健在就可以。

目前父親知道我是誰，但即便哪一天他不認識我了，我也沒必要改變對待父親的方式，只要想著我和他是今天頭一次見面就行。我知道要這麼做並不容易。心裡想著「在這一瞬間我與他初次見面」來展開這一天，此時，過去已經不存在了。

別說是沒有過去了，就連瞬間一晃而過的過去幾十年，實際上是不是真的曾經存在都很難說。其中有好的回憶，也有不好的，通常都是不愉快的居多，之所以明明不愉快卻還會回想起來，是因為心裡已經打定主意「不要與父母建立良好關係」。

不過，無論之前與父母是什麼樣的關係，只要現在免除不了照顧他們的責任，而且為了不讓照護成為苦差事，希望各位可以帶著一種「今天初次見面」的心情去面對。

可能的話，盡早改善與父母之間的關係，當他們真正需要接受照顧時，子女的心理負擔會比較輕。當然，即使還沒準備妥當，那一天就來了，也永遠不嫌晚。

能夠擁有貢獻感的意思

我深知照護的辛苦才膽敢這麼說——照顧父母能夠使照護者擁有貢獻感，並因此獲得幸福。要了解「能夠擁有貢獻感」的意思，不是那麼簡單。其實不只是照護，對於做任何事總是希望獲得他人感謝的人來說，照護應該是一件很難熬的事吧。父母並不是一定會對你說謝謝，他們不是故意不說，而是很可能在還不需要人家照顧之前，就已經沒有說「謝謝」的習慣了。其實子女對於要向父母說「謝謝」也是感到抗拒的吧？既然如此，唯獨要求父母必須那麼說，並有所期待，我不認為這是公平的。

不是所有人都認為「照護」這件事很辛苦。意思不是說照護是輕鬆愉快的，而是關係到自己對於「照護」這件事的定義，賦予它什麼樣的意義。父親現在會對我表達謝意，能夠聽到人家對自己說謝謝，的確是很開心的事；不過，要是對此有所期待、得到人家的感謝才能擁有貢獻感的話，當父母有一天不表達謝意的時候，或是你必須照顧原本就不會對人表達謝意的父母時，照護就會變成苦差事了。

的確，當你才剛讓他吃過飯，卻聽到他說還沒吃時，會感到沮喪，什麼都不想做了。我明白，要是不論做過什麼，父母都不記得，或是無論做了哪些事，父母都是一副理所當然的態度，就算你能夠忍受照護工作的辛苦，也會覺得這件事並不值得。

然而從父母那裡得不到任何正面回應的話，也只能面對現實，並以此為出發點。通常我做晚餐的時間，差不多是在其他家人外出上班或上學要回來的時候。有一天，女兒比平時還早到家，她說：「今天煮咖哩飯吧！我來幫忙。」有她可以幫忙，真是太好了。於是我興沖沖地去採買食材，開始準備做菜；可是，應該要來幫忙的女兒遲遲沒有到廚房來，等我把菜都切好了，她才總算進來接著做後面的工作。

當時，假使女兒依照原先所說的那樣協助我，當然很好，但如果她到最後都沒來幫忙，我還是一如往常做著晚餐，而光是因為這樣便足以感到對家人有所貢獻。這件事就結果來說，雖然後來女兒還是協助了我，不過她就算中途變卦表示不幫我了，對於我個人的貢獻感應該不會產生任何影響。

我認為，在與父母的關係上，有機會貢獻父母是很重要的，因為藉此可以讓我們擁有貢獻感；此外，不用期待來自於父母的感謝。

子女並無法使父母獲得幸福

看到父母無法自己一個人過日子，對子女來說是一件傷心的事。但是在「照護」這件事情上，有一個基本觀念我想說明，那就是——子女無法使父母獲得幸福。

每一個人，在人生的任何時刻，都無法藉由他人讓自己獲得幸福。養育子女的時候，父母會想要讓子女幸福。祈求子女幸福並沒有錯，但是父母並無法使子女獲得幸福，子女要憑自己的力量去過日子。當然，孩子還小的時候，他們所做的每件事都必須給予協助，其實孩子總在父母還沒察覺到之前，已經先懂得自立了。與子女之間關係良好的話，他們自立的時間就會提早，但也有些情況是當父母成為子女的反面教材時，子女會自己決定要自立。他們心裡會想：這樣的父母不可靠。因為這樣而自立的話，也勉強可以算是教育成功。有句話說「孩子沒有父母也會長大」，那麼，孩子有父母一樣要長大。不是父母使得孩子幸福，子女若要獲得幸福，父母唯一能做的，就是當子女開口希望你協助他時，給予協助而已。實際上，我不認為父母能為子女做很多事，因為再怎麼說，父母終究無法代替子女度過他們自己的人生。

同樣地，子女在照顧無能為力的父母時，也無法使父母獲得幸福。當然，意思不是說「什麼也沒辦法為他們做」，而是必須區分出子女「能夠」與「不能夠」為父母做的事。

我看父親除了吃飯之外的時間都在睡覺，覺得他這樣豈不是一點樂趣都沒有；我希望他去做各式各樣的事情，每天都過得有意義。然而這樣的期待是子女的一廂情願，不能強行加諸在父母身上。這就像是父母叫孩子去讀書，而不要老是看電視一樣。

照護休息站

- 父母僅是健在，便已有貢獻。
- 成為父母的夥伴。
- 任何人都無法憑藉他人的力量使自己獲得幸福。

Chapter 5

生病不代表「低人一等」

提升自我意識，與病患保持良好關係

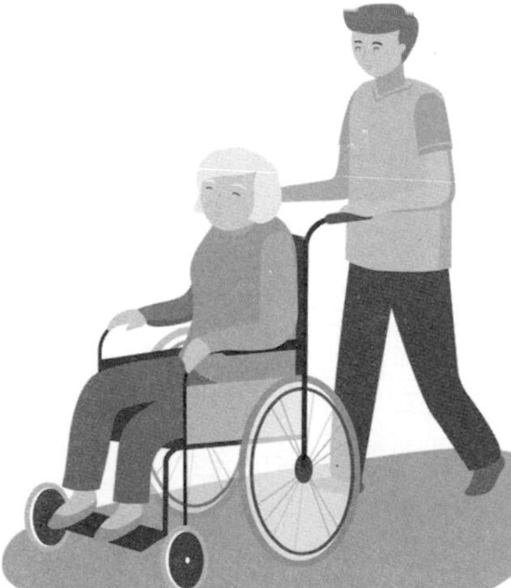

與醫師、護理師、照護者的關係

父親沒辦法再獨居時，經過一番勸說，讓他搬回了之前住的老家。至於之後要如何做，我並沒有明確的目標與想法。

後來我打算利用照護制度，前往市政府的社會福利課，結果他們告訴我：必須先經過照護需求度的鑑定。我想知道該怎麼進行這件事，但他們只給了我一張要讓主治醫師填寫的單子。

由於父親有舊疾，我在想，應該先找到新的醫院就診，請醫師幫忙寫診斷書。依父親的說法，除了狹心症之外還有肺氣腫。事實上，由於這些病症都只是聽父親這麼說，我並沒有陪同他就醫，實際的狀況究竟如何，我不清楚。據父親表示，之前因為主治醫師告訴他「肺氣腫無法治癒」，所以就跟對方吵架，也不再去那家常年看病的醫院就診了。

父親在狹心症治療過後，有好多年都會定期住院再做檢查，也不知道從什麼時候開始就不了了之。我現在覺得，當初應該不能將看病的事，完全讓父親自己去處理，必須確實知道他有哪些病、吃了什麼藥。恐怕他就是沒有好好控制吃藥吧。

肺氣腫和狹心症要看的科別不同。原本應該呼吸胸腔科與心臟內科兩邊都要去掛號，不過我帶父親去了我之前因為心肌梗塞住院的醫院就診，他們開了一些新的藥。

就這樣先看了一次病，後面該怎麼辦，心裡還沒有打算。幸好小舅子熟知照護制度，告訴我有所謂的「地區綜合支援中心」，打了電話去，長照管理專員立刻過來協助辦妥了照護需求度的鑑定手續。

我認為，不能家人全權照護，或者應該說，不能只有靠家人自己照護，而是必須善用照護制度。不藉此減輕照護負擔的話，長期持續下去，會愈來愈難熬。

只是說歸說，實際上並無法完全仰賴照護制度。想當然耳，護理師或照服員不可能隨傳隨到，因此就算有了照護服務，家人要做的事情還是很多。

我在想，家人或許可以擔任「管理負責人」，也就是介於長照管理訪視員、護理師、照服員和日間照護管理者之間的聯絡調度人。儘管在角色任務上看似長照管理專員的工作，而且當照護需求度有所變化時，相關的護理師、照服員等等負責人會一起開會討論，家人並沒有必要擔任調度者；但是待在患者身邊最近最久的畢竟還是家人，即便是長照管理專員也不可能取而代之。

由於一個人照顧很辛苦，有時也會拜託其他家人，或沒有住在一起的兄弟姊妹。這種時候，如果有一個能夠說明父母平時生活情況的人，委託他人照顧時，就不會不知怎麼做，而明白該做些什麼。

當年母親住院的時候，我準備了一本記事本，記錄下她的身體狀況、治療、檢查還有醫師與護理師等相關事項。只要看記錄內容，立刻可以知道自己不在的期間發生過哪些事。長時間陪在病榻旁的我，在記事本上寫下很多事情，看過記事本的護理師則把它當作「閻羅王的帳簿」敬而遠之。其實並沒有刻意要寫什麼護理師的評語之類的，不過就像護理師平時填寫的護理記錄的家庭版而已。

在家照顧父親時，我也做了筆記，寫下一些記錄，並且，護理師或照服員來的時候也會請他們寫。雖然除了正規記錄再額外寫這些是個負擔，不過因為我不是一直都陪在父親身邊，無法以口頭詢問的時候會很方便。

父親身旁的這些人都很熱心，但我仍然感覺到醫師之間、醫師與護理師之間的工作熱忱還是有所差異。醫師與護理師之間雖然不至於有什麼大問題，不過在有兩位主治醫師的情況下，讓我時常覺得自己要更加謹慎認真才行。這兩位主治醫師，一位是最初父親就診後又住院兩個月那家醫院的醫師，一位是給居家護理師下指令的鄰近醫院的醫師。雖然我很討厭夾在兩位醫師之間左右為難，但是為了保護父親，我只好提出一些主張。

有一次我甚至告訴護理師說：「這是要求（claim），而不是抱怨（complain）。」

關於疾病，如果沒有專業知識，有時確實是難以理解醫師所說的話。然而即使沒有專業知識，也發現醫師所說的話前後不一、不合邏輯的時候，是可以提出指正的。

而且可以說，看待病人不是只有看病，還要看人，只靠醫學知識是不足的。前面提過父親與主治醫師吵架的事，我認為類似這樣的狀況，當醫師不只是針對病症下判斷，還參雜了對我父親個人的意見時，或許他也可能因此而懷疑我父親罹患了失智症。

雖然那些護理師值得信賴，但是無法完全信任醫師時就成了問題。心血管內科的醫師會判讀那些數據資料，卻看似沒有意願親眼觀察我父親身體的狀況。就診時，明明對他說父親的腳背腫起來了，他卻連讓父親脫下鞋子來看看都沒有，難不成是只要壓壓腳踝，不用看也知道嗎？當我對護理師提起這件事情時，他回答我說：「這種事也是會有啦。大家都說（會遇上哪種醫生）要看運氣好不好。」由於這個「運氣好不好」很可能攸關性命，不能一句運氣不好就那麼算了。工作熱忱有差異也是無可奈何，不過患者與家屬卻禁不起受牽連。

對醫師的不信任感

父親在住院時，對醫師產生了不信任感。由於父親之前罹患狹心症，住院的時候，心血管內科的專科醫師就成了他的主治醫師。

出院後差不多每兩個月會回診一次。對於每次驗血報告的結果，醫師不是對我而是對父親說明，讓我感到很訝異。當然，因為父親才是患者，醫師對他而不是對我說明，也可以說並沒有錯；不過，這位醫師要是知道我父親經該院的腦神經內科醫師診斷為失智症的話，在對他說明驗血結果時，即使一開始難以斷定他一定聽不懂，我認為至少也應該注意他是否充分理解那樣的說明。

我父親從年輕時就經常進出醫院，因為他在一家藥品相關企業服務，與醫師長期保持關係。父親認為只要是醫師，不論多年輕都要無條件尊敬，順從醫師所說的話。平時護理師來了，他連睜開眼睛瞧一下都沒有，但是醫師來看診的時候，父親都會在床上正襟危坐，看著他和醫師對話的模樣，簡直就跟過去沒什麼兩樣。

這麼說來，我當初住院時，也曾有護理師當著我的面，一邊看著其他護理師填寫的護理記錄，一邊唸著：「皮膚的狀況似乎也很好。」我心裡想，皮膚的狀況好不好，直接看我不就知道了嗎？也許他是在我察覺到之前，早就快速地瞄了一眼我的皮膚狀況也說不定，但我只覺得病患明明就在眼前，他的舉動令我百思不得其解。

對專業人士有何期待？

身為一個照護者，我曾經被問過：目前對於來到家裡的這些護理師、照服員、定期來看診的醫師，有什麼樣的期待？

儘管我希望父親可以好起來，但如果因為疾病本身的性質而有其困難時，就無法以「治癒」為照護的目標。由於歷經剛搬回來的混亂期後漸漸安定下來，父親的狀況確實有了好轉，當然是令人開心的事；只不過，要是以半年的間距拉長來看，不能否認，病情在惡化。

因此我對父親身邊這些專業人士的期待，比起要他們改善父親的症狀，更需要的是：他們可以在這段不知將持續多久的時間內協助父親，讓他可以過著寧靜祥和的日子。為此，由於身體上的護理與照顧是必要的，擦拭、沐浴和排便的處理對家人來說有難度，所以會尋求這方面的協助。至於房間的打掃、洗滌衣物等等，雖然我也在做，不過毫無疑問，專業人士的成效肯定是我比不上的。多虧有了這些支援，讓父親能夠過著舒適的生活。

不過，我所期待的協助並不只在身體方面。可能的話，我希望父親沒有痛苦、安穩踏實地過日子。這裡所說的痛苦，不是專指身體上的苦。我一再重申，「因為失智就不會苦惱」是錯誤的想法，即使沒有肉體痛苦所帶來的不安，我依然想減輕他精神上的煩憂。

關於失智症，由於我親自照顧父親，自認所具備的知識，已經超出書本上可以學習到的範圍，但無奈的是，我無法得知其他人的狀況。我經常詢問護理師，父親今後可以想見的變化是什麼；當然，狀況會因人而異，不過我覺得他們見過很多患者，就那些經驗並根據對我父親的觀察，會有一些專業的看法。曾經有護理師斷定父親「（往後）不可能變好」，但這是在我們之間有著充分信賴關係的前提下，我能夠接受他身為專業人士的看法。當然，對話並不是就此結束，畢竟今後該如何與父親互動的問題依然存在；而且所謂的治療，如同前面所說明的那樣，並不是只侷限在腦部MRI（核磁共振）可見範圍的層級。

除此之外，每當我見到父親面容祥和、談笑風生的樣子，就很希望他可以繼續維持精神安定的狀態。所以他不只是需要身體上的協助，也需要精神上的扶持。我看著謙和有禮、耐性十足的工作人員，與父親對話的模樣，總是讚嘆不已。我認為，如果只有家人照顧的話，很可能會倍感艱辛，換句話說，要多一些來自外在的訊息與關切，多與他人互動，父親、還有照護他的人才能在精神上保持安定。

我與父親白天長時間在一起，那些護理師來到家裡，總是讓我鬆一口氣。遇上哪一天都沒人來訪的時候，一大早光是想到這個就覺得心情沉重。儘管明知這些人是為了探視父親而來，但是我希望各位也能明白，護理師或照服員來到家裡，與我們互動交談，對照護者來說也是相當大的助力。雖然偶爾會變成像在發牢騷似的，但是很感謝他們願意當最好的聽眾。

由於父親一直睡覺讓我挺擔心的，幫他活動身體或是做些什麼當然有其意義在，只是所謂的協助，並不只在於「讓父親不要整天睡覺」這種行為層次上。我心中所想的是「避免讓父親離群索居」，因此必須與他人保持關係，如果只靠我或其他家人很難做到這一點。尤其平時我就算與父親待在一起，彼此關係也說不上十分緊密。

關於稱讚的問題，前面已經提過。我一聽到護理師或照服員稱讚父親，就會很直接地告訴他們這麼做會衍生什麼樣的問題。如果彼此關係對等的話，原本應該是不會出現這種稱讚對方的行為，我們應該不會對一位老當益壯的長者說：「你很棒嘛。」是吧？但是就有人稱讚過我父親，這其實是大多數人容易犯下的謬誤。

對照護者來說，平時的狀況才是最重要的。所以那些護理師若僅僅依照當時現場的情形，然後嘴巴上說著我父親敦厚謙和、沉穩什麼的，有時候我會感到有些不愉快。其實大可以問說：「平常怎麼樣呢？」或是用「現在這樣與他對話，我感覺他是個（舉例來說）溫和沉穩的人。」這樣的說法，我想我就能夠接受。

生病不代表「低人一等」

由於目前為止一再談到有關「當下、此刻」因緣際會的概念，這裡所要提出的想法或許有人會認為格格不入——我對專業照護工作者所期盼的，是他們能夠看見這些長輩在過去最光輝燦爛的那一面。

對家人來說，過去一切不盡然都是美好的回憶，雖然在下定決心從此刻起要與父母建立良好關係的時候，必須將過去與他們的種種暫擱一旁，但是我希望在照護場合下與父親初次接觸的那些人，能夠知道有關他的過去。

鶴見俊輔提到，一位醫師對他人的說話態度，不因對方生病前後而有所改變。

「他不會用生了病就是最低等的那種眼光看待病患。很重要的一點是，即使成了病

患，對方原本那種格調高尚的姿態並不會從記憶中消失。」（《鶴見俊輔：歷久彌新的思想家》）

我與父親相伴的時間很久了，但是父親的主治醫師或護理師等等，只認識他現在的模樣。雖然這是理所當然，不過我總是在想，只要可以讓他們感覺像是老早就認識的那樣就行了；於是我給居家護理師看看父親年輕時的相片，還有他晚年學習的油畫作品。儘管護理師們看了相片之後告訴我說：「不像欸。」害我不知道該怎麼反應才好，不過我認為至少因為這樣，讓他們對父親有了不同的看法。

安養機構要我填一份問卷，我在上面寫了父親過去會畫畫這件事。有工作人員注意到了，鼓勵父親畫畫看，結果發現他畫得很不錯。他的畫不光是塗上顏色的那種著色畫，而是像他過去那樣，一邊對照著相片，用色鉛筆與顏料素描繪製；在輪廓和色彩的運用上，幾乎比過去在家裡畫得更好。

我認為生了病，不會像鶴見所說的那樣變成「最低等」的人，甚至應該說，病患與年邁的長者才是更貼近人生真理的人。

請求協助，但要給對方保留拒絕的空間

前面雖然提到有關「我向專業照護人士請求協助」的經驗，但也不是經常會利用這樣的照護服務。畢竟家人與父母接觸的時間絕對更長。我認為獨自一個人照護很困難，因此不要認定只有自己能做，要向其他家人、手足請求協助，否則這件事必然成為難以承受的負擔。

向其他家人或手足請求照護上的協助時，最好不要過分強調自己平時為了照護，花費多少時間與精力；也就是說，不要用那種因為照護很辛苦，所以對方理所當然也要出一分力的態度，去要求其他家人與手足來分擔。

只能用請託的方式。所謂的請託，就是至少給對方保留拒絕的空間。如果用「你也

是為人子女，照顧父母理所當然」這樣的說法，對於那些眼前因為有種種狀況無法照顧父母，心裡卻認為應該要做的人來說，正因為子女要照顧父母是合乎道理的論調，反而讓他們想要提出反駁。就好像孩子被父母嘮叨快去讀書那樣，老早就知道應該要用功讀書的孩子，一旦被父母那麼一說，很可能就下定決心乾脆不做了。

此外，即使被拒絕了也不可以強迫對方。如同談到「與父母之間的關係」時所說的那樣，一進入權力鬥爭，關係就會惡化。

基本上，先做到「照護的決心」，然後「不要試圖獨自一個人照單全收」就好。如果其他人不住在附近，很難接手代為照顧；即使是手足，也最好不要期待對方會接受請託。因為自己一個人扛會撐不住，所以要想一想，請求他人協助的時候，怎麼做才不會被拒絕。

首先，很重要的是剛剛所說的，不要用「我已經在照護上做了這麼多，你做這些也是理所當然」這樣的態度，強行將照護責任加諸在他人身上。

其次，與其在意他人要怎麼做，只要決定自己打算怎麼做就好。當有人無法如你所願分擔照護工作時，因此而起紛爭並非上策。

再來，是照護者本身的意識問題——不要將照護當成苦差事。如果平時老是對家人抱怨照護上的事，不會有人願意主動幫你分擔這樣的工作。就像做家事一樣，如果心裡想著：「為什麼家人吃飽飯在休息的時候，只有我非洗碗不可？」並打算開口叫其他人至少把自己用過的餐具洗一洗的話，立刻會引起反彈。遭受指責的人，儘管心裡想的是：「不妙！」但因為被說了重話，就會變得不願意屈服而反抗。

反倒是，當你因為只有自己在整理收拾而擁有貢獻感，並帶著愉悅的心情洗著碗盤的時候，說不定家裡的某個人反而會過來幫忙。但也可能不會有人幫忙。

進行照護工作時如果沒有人幫忙，很傷腦筋，但是因此而責備不幫忙的人，則會使彼此關係愈來愈差，對方更不可能提供任何協助。

如此狀況下打算收手放棄照護的人，即使不是有意識的，也會藉由破壞與父母之間的關係，試圖讓自己產生「沒辦法再照顧父母」的念頭。不見得必然是父母本身有些什麼問題，只是為了讓自己覺得「已經無法照顧父母」，特別會在他們的言語舉動上找出些毛病來。要找毛病很容易，到了這種地步，可以說是自己把照護這件事變成了苦差事。

照護休息站

- 要善用照護制度。
- 病患與年邁長者更貼近人生的真理。
- 請求協助時，給對方保留拒絕的空間。

Chapter 6

邁向無條件肯定存活價值的社會

拋棄「生產力」價值觀，尋求新的貢獻感

一個可以放心罹患失智症的社會

我總是在想，如果這是個讓人可以放心罹患失智症的社會就好了。以自動販賣機為例吧，因為每台機器的用法並不一致，所以罹患失智症的患者無法順利操作。如果購物的時候是以人為對象，即使溝通上多多少少有誤差，相信對方大概還是有辦法理解，但在這一點，電腦控制的東西就完全無法通融。即便不是老人也很可能搞不懂，是吧？對於不善與他人互動的人來說，自動販賣機讓人比較不會感覺有壓力、不會那麼緊張，雖然我個人並不喜歡機器統一操作的想法，但是當有些機器的零錢會自己掉下來、而有些機器不拉拉桿就不會掉出來，簡直徒增困擾。我父親就曾經因為投了錢進去，卻什麼東西也沒出來而發怒。完全不知

道什麼東西要怎麼處理才好；如果沒有自動販賣機，或許不用在操作上浪費時間。

正如同社會接受那些沒有能力獨自存活的幼兒一樣，我認為也必須打造一個可以接納高齡者的社會。只是實際上，要說我們這個社會是否真的寬大包容幼兒，很遺憾地，並非如此。電車裡只要孩子一哭，便感受得到來自其他乘客的那股無聲的壓力。那些主張「父母如果沒有好好教育小孩、讓他們不准哭的話，就不該帶他們上車」的人，肯定既沒有與孩子外出的經驗，也忘記自己曾經是個孩子這件事。

以長期目標來說，要打造一個嬰幼兒、高齡者，還有每個人都可以安居的社會，希望我們可以想想，為此能夠做些什麼。

不過，在理想中的社會實現之前，該進行的照護還是必須持續下去。雖然我們要探究「一個讓失智症患者可以安居的社會」該如何打造，但就如同前面談到有關「失智症的心理背景」時所說的那樣，與其關注個人在一生中能達成些什麼，更重要的先決條件，是建立一個「可以無條件肯定人類的生命與存在的社會」。

如何看待自己？看待這個世界？

阿德勒心理學中，將我們如何看待自己、看待這個世界稱之為「生命風格」。生命風格通常被稱為性格，只是性格這個說法所帶來的意象並不同。生命風格絕不是與生俱來的，只要想改變就隨時可以改變，這正是阿德勒心理學的論點。

生命風格雖然可以改變，但是明知將有所不便，仍要改變習以為常的那一套風格，並不容易。很多人選擇繼續抱持以「自我為中心」的生命風格，完全只想著他人能為我做些什麼。

然而即使是那樣的人，也不會總是將自己的生命風格對外顯露出來。相信有許多人在外忠厚老實，在家卻耀武揚威，也就是所謂的在家一條龍是吧？隨著年歲增長，來自

一般常識或社會良知的約束力看似愈來愈薄弱，尤其在家人身上更是不管用，於是個人原本的生命風格可以說是展露無遺。

這就像常識與良知在夢境裡的效用會減弱一樣。人們在夢中為現實生活進行彩排，夢境裡不必在意什麼常識與良知，要做任何事都行。即使在現實生活中不能做的事，夢境裡都可以虛擬。

我父親的狀況，恐怕就是現實有如夢境一般，看起來常識與良知不太有約束力。因此，父親便將自己的生命風格原封不動呈現在我面前。

雖然生命風格看起來像是根深蒂固，但只要旁人給予適當的協助，還是可以改變。如同身體上有了障礙，有人完全只考慮自己，而視他人的付出為理所當然的同時，也有人選擇與那樣的生活態度劃清界線。

改善關係的決心將會改變一切

雖然可以依個人的決心改變自己的生命風格，卻無法改變父母的生命風格。

前來尋求諮商的人，當我問到他是否喜歡自己的時候，他們給我的答覆幾乎毫無例外是「討厭自己」。我希望無法回答「很喜歡自己」的人，可以想辦法喜歡自己。如果是其他工具，不喜歡可以買新的來換掉，但是稱為「自己」的這項工具，卻非得繼續用下去不可。明知如此卻無法喜歡自己，將會度過一段煎熬的人生。

大多數人從小就不斷被身邊的人叮嚀提醒：不可以安於現狀。因此，無法喜歡現在這個自己的人，會努力為他人改變自己；然而就算是有了改變，這個已經變了的人不再是自己。當自己不再是自己的時候，這樣的

改變毫無意義。

那麼，可以繼續做自己、又要與過去的自己有所不同，這種乍看之下不可能的任務，該如何才能達成呢？首先，必須知道為什麼自己眼中只看得到弱點、缺失和偏差行為，以至於不喜歡自己。孩子與父母的關係也一樣，這都是因為不想與他人有瓜葛，或至少是因為不想積極與他人有互動，便在自己或他人身上找出可以視為問題的部分。

以照護來說，如果不與父母建立良好關係，這件事就是辛苦的。只要下定決心想打好關係，對於過去在父母身上怎麼看都是缺點的部分，將有不同的看法；這種情況下，就只是子女改變對父母的看法，而不是父母有了任何改變。對於照顧父母態度消極的人，會在父母身上發現問題，並認為因為有這些問題，所以沒辦法照顧他們，或覺得這是苦差事。事實上，不過就是為了要讓自己那麼想，才在父母身上發掘問題。

當我們改變了對父母的看法時，實際上父母幾乎也可以說是有了改變。當年母親過世後，我與父親共同生活的那段日子裡，因為父親沒有打算自己動手下廚，讓我一時興起開始學做菜。某一天，父親嘗了一口我花上好幾個小時做的咖哩飯後，說了一句：「以後別再做了。」

由於當時與父親的關係不好，我心裡完全只想到他的意思應該是「因為不好吃，所以別再做了」。後來與父親的關係漸漸有了改變，我才察覺自己並沒有真正聽懂父親那句話的意思。我們住在一起的時候，我還在讀研究所，父親想說的是：「你還是個學生，不讀書不行，所以這種費工夫的菜就別再做了。」雖然我沒有實際去查證，但當我察覺到這件事情時已經超過二十年以上，就算問了父親，他恐怕也想不起來吧。父親說過那段話的事實儘管沒有改變，但自從我有了不同詮釋的那一刻起，父親與我的關係確實有了改變。

對於活著這件事表示感謝

如實做自己卻可以有所改變的另一個方法是，貢獻他人。雖說是如實做自己就好，但並不表示現在的自己怎麼樣都沒關係。人只要活著，就不能單方面只接受他人的給予。如果是小嬰兒，因為無法憑自己的力量做些什麼，單方面接受他人給予也是無可奈何。但是不久之後，由於可以（非得）憑自己力量去做的事會愈來愈多，那些永遠只想著要接受他人協助的人，將使人避之唯恐不及。當然，不是所有的事都有辦法自己完成，那種狀況可以請求他人的協助，只是我們必須盡可能懂得獨立自主。

對於總是依賴他人的人，如果跟他們說「只要如實做自己就好」，他們很可能往對自己有利的方向去做解釋，有被誤用的危險。其實這句話真正的意思，是沒有必要去迎合他人的期待。

在那樣的前提之下，要認定自己的價值，就必須具備「能夠以某種形式對他人有所貢獻」的想法。即使不必改變性格，只要可以認為自己不是毫無用處，是對他人有貢獻的，就能因此認定自己的價值，擁有過去所沒有的自信。以略帶消極的說法，就是能夠認為「即使是這樣的自己，也有可取之處」，這麼想的話，面對人生的態度就會改變。

像這樣，在思考該如何才能喜歡自己的時候，也無法脫離與他人的關係。如果「喜歡自己」這件事是與他人毫無關係的話，那麼自戀的人也做得到。

我會建議父母要對孩子說：「謝謝。」這是為了希望孩子感覺到自己對他人有用處。同樣地，這句話當然也可以對父母說；不過希望各位注意，對方能夠有些適切的「行為」讓你表達謝意當然沒問題，但有時候對方的行為很可能讓你覺得無法說出這句話。

尤其是需要接受照護的父母，多半很難藉由什麼樣實際的行為對他人有所貢獻。當自己不再像年輕時那樣，許多事已經無法憑藉自己的力量去完成時，相信有很多人沒辦法接受那樣的自己。即使是年輕人，一旦生了病、動彈不得，要承受的不是只有來自疾病的痛苦，還會因為這個社會可能不再需要自己，而感到不安並飽受折磨，很容易便讓人喪失活下去的勇氣。

因此，不論是對孩子還是對父母，如同一再重申的那樣，不要因為他們做了哪些事有所貢獻而表達感謝，而是希望對於他們「活著」的這件事說句：「謝謝。」

從孩子或父母的角度來說，不用迎合他人的期待、自己也不用做些什麼特別的事、如實做自己，就能為人所接納，是無可取代的寶貴經驗。有了這樣的經驗，即使現在無法做些什麼，還是可以感受到自己對旁人有用處，並喜歡這樣的自己。

前面也提過，如果在照護失智病人時，有著對生產力的執著，就會出現那種以「無所事事不好」為理由，催促什麼事也沒做的父母，去做些什麼事的問題。畫畫圖、唱唱歌，或在日間照護中心、安養機構裡所進行的復健等等，都是重要且必要的活動。然而，這並不是為了要再次學會一些什麼，即使事後不記得也沒關係，只是希望藉由這樣的活動，從當下美好的這一刻，找出它本身的意義來。

也有人會認為自己已經沒用了，只會給人添麻煩。尤其是從年輕開始就認為要達成些什麼，自己的價值才能獲得他人肯定的人，他們會覺得衰老或生病，將使自己的價值不再受他人認可。如果父母是這種狀況的話，希望你可以經常有意識地在各種情況下，以「存在」而不是「行為」的層級為出發點協助他們。

為了可以做到這一點，照護者本身也必須以同樣的概念接納自己，不是因為做了些什麼，而是因為自己的存在而有價值；能夠如此接納自己的人，也能夠接納父母。「如實做自己」的意思，如同前面提醒各位的那樣，並不是什麼都不做、等待他人的付出就好。我想，生過病的人就會懂，即使是在別無選擇、必須完全靜養的狀態下，都要接納自己，甚至可以認為那樣的自己依然對他人有貢獻，絕對需要勇氣。

這如同被照護的父母所處的狀況一樣。照護過程中，關鍵不在於完成了什麼事，而是要以「存在」去認定個人的價值。人，置身於任何狀況下，並不是給他人添麻煩，即使只是接受他人所給予的，希望你可以這麼想：他人因為對你付出而擁有貢獻感，這便是你的貢獻。

人生並不是一直線

古羅馬政治家與文人——老加圖，八十歲才開始學習希臘語。他說自己：「宛如長年的饑渴不得解，狼吞虎嚥似地學著。」（西塞羅《論老年》，聯經出版）。毛姆引用老加圖的例子表示，即使年輕時因為覺得太花時間而避開的工作，一旦老了之後也能毫不費事著手進行（威廉·薩默塞特·毛姆《毛姆寫作回憶錄》，四川文藝出版，簡體書）。

就一般認知而言，應該會認為八十歲才開始學習新的語言成不了氣候是吧？這樣的事為何能辦得到？這是因為，相對於年輕人將出生到死亡的人生視為一直線，老人卻不這麼認為。我們不能將人生比喻為一條有起點與終點的筆直動線，因為在那樣的動線上，重要的是必須盡可能迅速而有效率地抵達目標（終點）；可是人生並不講求效率，應該沒有人想要盡可能快速地把人生一口氣跑完吧？亞里斯多德表示，行動有另外一種形式。比方說舞蹈當中的一連串動作，雖然跳著跳著，最後會停在某個地方，但沒有人是為了有效率地抵達某個地方而跳舞。這樣的行動，抵達目的地並不是重點，可以說每一個動作進行的當下，就已經是完成式。人生也如同這樣的行動，過程中的每一瞬間都是既成的結果，不論是幾歲開始做什麼事，或最後有沒有做完都無妨，只要做的當下樂在其中就行了。這樣的生活態度，我們可以向年邁的雙親看齊。

為了敬重父母

如實地看待對方就是「敬重」的意思。敬重這個字的英文是respect，語源來自於拉丁文的respicio，意思是「看」或「回顧」。弗洛姆說，所謂的敬重就是「如實地看待他人，明白他人是旁人無法取代，而且獨一無二的存在」的一種能力（埃里希·弗洛姆《愛的藝術》，上海譯文出版，簡體書）。

希望我們可以敬重父母。也就是如實地看待父母，知道他們是旁人無法取代，而且獨一無二的存在；不加以美化，也不以理想中的父母形象為基準，給現實中的他們扣分，認同他們現有的樣貌。

過著平靜無波的日子時，我們很容易忘記維持彼此良好的關係，一旦家中的某個人，伴侶、子女還是父母生病或遭逢事故時，才不得不察覺——與對方一起活在這個世界上，並非理所當然的事。

不要只在那樣的時刻才有所感觸，希望我們平時就能常常回顧、省思與重要他人的關係。「這個人對我而言是無可替代的」、「此刻雖然在一起，但離別的日子總有一天會到來」、「在那一天來臨之前，就確實把握每一天吧」。即使遇上難題、有了病痛、與自己心中所設定的理想不同，依然要天天回顧、省思，破除心中那個理想化的樣貌，與無可替代的這個人一起過日子，並且因為重新下定決心而心生敬重之意。

父親說：「怎麼想，都是往後的日子比較短。」然而，比起我這個因為思慮未來時間不多，而焦躁不安的人來說，他反而看起來悠然自得。兒時受父親保護的我，原本打算換我來照顧無法獨自生活的父親，不料還是一如過往，我從他身上學到的比較多。

照護休息站

- 如果周遭給予適切的協助，人是可以改變的。
- 唯有以「存在」的層級接納自己的人，才能接納父母。
- 如實地看待對方，就是敬重。

後記——

感謝在照護路上攜手相伴的人們

父親曾一度編寫過「自傳」。當時的父親還很健壯，他來我這裡拿一些資料中要用的相片，並掃描好帶了回去。

父親搬回來時攜帶的眾多行李中，有他正著手編寫的文稿。其中寫著：「回首前塵往事，在那光輝燦爛的時代裡，總有家人相伴。如今家人不在了，孩子們也都獨立過著幸福的日子。恍然一回神，常伴左右的是愛犬Chiro。回顧相片中遠去的家人，緬懷各自努力活出自己人生的那個時代，回想那段歷史。」

「緬懷各自努力活出自己人生的那個時代」這句話，撼動了我的心。我想要了解父親曾經走過的時代，所以第二度與父親共同生活的那段日子裡，我一有機會就詢問他過去的那段「歷史」。

關於最近的事雖然父親馬上就忘記，但過去的事他可是記得很清楚。如今去父親所住的養護中心時，他會問我：「之前那個家現在怎麼樣了？」父親口中的家，是他在結婚之前住的老家。

母親腦中風倒下後，像陣風似地立刻撒手人寰，留下許多遺憾，但是我和父親卻有時間慢慢相處。我想，也多虧是這樣，應該算是沒有遺憾吧。

提筆撰寫父親的事，比想像中更艱難，始終難以順利依自己所想的下筆，中間停頓了好幾次。但也因為這樣的機會，更直接的說法是託父親的福，讓我對衰老、疾病還有死亡，能夠進一步深入思考。我認為，這輩子恐怕從來不曾像這樣，與父親如此真摯地坦誠相對。

完稿在即的十月份，父親從原本的失智症病房大樓單人房，移往一般病房大樓的四人房。得知這件事的那一天，我的步伐和心情比平時更輕快，從離家最近的車站走了將近兩公里的路。

父親八十二歲生日當天，我帶了父母親年輕時候（應該是他們婚前）拍的相片，到父親那裡。「哦～好久沒看到這個了。」父親這麼說著，表現出對相片裡留聲機、唱片和炭火盆的興趣，關於母親的事卻一個字也沒提，讓人心裡無比的空虛淒涼。又或者這些事在父親的內心深處，其實早已掀起一陣浪濤也說不定。

一在部落格寫下開始照護父親的事情後，立刻接到來自四面八方的信件和電話。全都是照護方面的達人，提供他們的經驗談，或是哪些情況下怎麼處理比較好之類的具體建議，實在感激不盡。

這就和我當年用腳踏車接送孩子到幼兒園時一樣，抵達幼兒園之前總會被好多人叫住，傳授我各式各樣的知識。那時候還經常與媽媽們（由於當時爸爸到幼兒園接送的情形還不像現在這麼普遍，所以用了「媽媽們」這個說法）站著閒聊，交換有關養育子女的訊息。即使只是知道「並非只有自己在養育子女方面遇上難題」，或是「往往無法依自己所想與孩子互動而沮喪」，這些都成了美好的回憶。

至今，依然還是因為「照護」這件事受到許多人幫助。對於長期進行照護工作的人來說，這些內容或許還不夠完整，但在眾多人士的建議協助下，讓我具備了勇氣，跨越看似佈滿荊棘的每一個照護的日子。我心想，自己或許多多少少能對目前面臨照護問題的人盡一點心力，便著手撰寫本書。

在照護上提供我寶貴意見的諸位，尤其是對父親的看顧、照護盡心盡力

的龜岡醫院、Komorebi老人養護中心的各位、平岡聰醫師、島田真久醫師，
謹此致上誠摯的謝意。

二〇一〇年十二月
岸見一郎

改版後記—

從年邁父母身上學到的事

本書是過去照顧失智症父親時所寫，原版書中後記也提過：照顧年邁父親的過程中撰寫這本書，出乎意料地艱難。對於「失智症」還有「照護」一無所知的情況下，擔起照護父親的責任，心中不時猶豫著「這麼做是否沒錯」而充滿疑惑。由於狀況不同於當初照顧年紀輕輕就病故的母親，我不斷思考，該如何面對父親老邁的現狀才好。

儘管在沒有任何確切答案的情況下寫完了這本書，再次詳讀，發現自己在其他作品中屢次提及的概念，同樣出現在書中。

其一是，個人的價值在於「存活於這個世界上」。書中提過，透過母親生病時的陪伴經驗，我明白「活著」已經是值得開心的事。至於教導我進一步徹底領悟這件事意義所在的那個人，則是父親。

此外，也一再提到「活在當下」，這也是從父親那裡學習到的。剛剛才做過的事立刻就忘了，這樣的情形往往被視為有待改善的症狀；然而要是就「不因回顧過去而後悔、不為思慮未來而不安、讓今天這個日子只為今天而度過」這層意義而言，父親可以說是具體展現了人生理想的境界。

關於照護，如今回頭再看過去所做的一切，絕對不是最完美，判斷錯誤的地方也很多。不過我認為，照護者唯一能做的，也只有在那當下盡可能朝著最佳目標去努力。即使不是最完美的照護，但就像養育子女一樣，沒有辦法做到萬全的照顧，孩子依然會成長茁壯，借用原版後記引用父親的那一句話，父母親一樣會「努力活出自己的人生」。

父親在二〇一三年二月過世了，享壽八十四歲。由於早已向主治醫師表明過，不需要心臟按摩等延命治療，所以父親最後是由我和妻子隨侍在側，在醫院裡靜靜地咽了氣。

離去之前，父親的眼眶溢出淚水，一叫喚他，螢幕上顯示脈搏與呼吸狀態的曲線便起了變化。我想，父親最後應該是想要說些什麼吧。開始照顧父親，是在我心肌梗塞病倒的兩年之後。起初為調養身體而減少了工作量，但那正好是在我逐漸康復，打算增加一些工作的時候。雖然也曾經想過是因為照護父親的問題，讓我又無法回歸社會，然而這樣的機緣巧合讓我與晚年的父親能有密切的互動，實在值得慶幸。

儘管沒有哪一種照護是不辛苦的，但希望透過本書在與父母關係上的探究思考，能有助於減輕各位在照護工作上的負擔。

此次改版，承蒙文響社的白杵秀之先生關照。感謝您。

二〇一九年九月
岸見一郎

本書為二〇一一年出版《介護のための心理学入門》（照護的心理學入門，暫譯）修訂版。

參考文獻

- Adler, Alfred.《The Individual Psychology of Alfred Adler: A Systematic Presentation in Selection From his Writings》, Ansbacher, Heinz L. and Ansbacher, Rowena R. eds., Basic Books 1956.
- Ross, W.D（rec），《Aristotle's Metaphysics》, Oxford, 1948.
- Shulman, Bernard and Berman Raeann,《How to Survive Your Aging Parents》, Surrey Books, 1988.
- 青山光二《吾妹子哀し》，新潮社，二〇〇六年，《哀悼吾妹子》（暫譯）
- 阿爾弗雷德・阿德勒《生きる意味を求めて》（Social Interest：A Challenge to Mankind），岸見一郎譯，アルテ，二〇〇七年，中譯《人類面臨的挑戰》
- 阿爾弗雷德・阿德勒《人間知の心理学（前半）》（Understanding Human Nature），岸見一郎譯，アルテ，二〇〇八年，中譯《理解人性》
- 阿爾弗雷德・阿德勒《性格の心理学（後半）》（Understanding Human Nature），岸見一郎譯，アルテ，二〇〇九年，中譯《理解人性》
- 阿爾弗雷德・阿德勒《人生の意味の心理学（上）》（What Life Should Mean to

You），岸見一郎譯，アルテ，二〇一〇年，中譯《自卑與超越》

● 阿爾弗雷德・阿德勒『人生の意味の心理学（下）（What Life Should Mean to You）』岸見一郎譯，アルテ，二〇一〇年，中譯《自卑與超越》

● 上野千鶴子《老いる準備：介護することされること》，朝日新聞社，二〇〇八年，《年老的準備》（暫譯）

● 永和里佳子《介護ひまなし日記：新米ケアワーカー奮闘記》，岩波書店，二〇一〇年，《照護不得閒日記：菜鳥照護員奮鬥記》（暫譯）

● 落合惠子《母に歌う子守唄：私の介護日誌》，朝日新聞社，二〇〇七年，中譯《為母親哼唱的搖籃曲：長期照護，與送行之後……》

● 小澤勳《痴呆を生きるということ》，岩波書店，二〇〇三年，中譯《失智！這回事》

● 小澤勳《認知症とは何か》，岩波書店，二〇〇五年，《何謂失智症？》（暫譯）

● 加藤尚武、加茂直樹編《生命倫理学を学ぶ人のために》，世界思想社，一九九八年，《給學習生命倫理學的你》（暫譯）

● 西塞羅《老年について》，中務哲郎譯，岩波書店，二〇〇四年，中譯《論老年》

● 岸見一郎《アドラー心理学入門：よりよい人間関係のために》，KKベストセラーズ，一九九九年，中譯《拋開過去，做你喜歡的自己：阿德勒的「勇氣」心理學》

- 岸見一郎《不幸の心理：幸福の哲学：人はなぜ苦悩するのか》唯学書房，二〇〇三年，《不幸的心理：幸福的哲學：人為何苦惱》（暫譯）
- 岸見一郎《アドラーに学ぶ：生きる勇気とは何か》アルテ，二〇〇八年，《效法阿德勒：何謂生活的勇氣》（暫譯）
- 岸見一郎《アドラー：人生を生き抜く心理学》NHK出版，二〇一〇年，《阿德勒：在人生逆境生存的心理學》（暫譯）
- 岸見一郎《困った時のアドラー心理学』，中央公論新社，二〇一〇年，《苦惱時的阿德勒心理學》（暫譯）
- 岸見一郎《アドラー心理学実践入門》，KKベストセラーズ，二〇一四年，中譯《其實你不必為了別人改變自己：一定可以實現的阿德勒勇氣心理學》
- 北杜夫《青年茂吉「赤光」「あらたま」時代》岩波書店，一九九一年，《青年茂吉的〈赤光〉〈璞玉〉時代》（暫譯）
- 沢木耕太郎《無名》，幻冬舎，二〇〇六年，《無名》（暫譯）
- 高山文彦《父を葬る》，幻戲書房，二〇〇九年，《送走父親》（暫譯）
- 鶴見俊輔《老いの生きかた》，筑摩書房，一九九七年，《年老的生活方式》（暫譯）
- 約翰・貝禮《作家が過去を失うとき：アイリスとの別れ》，小澤瑞穗譯，朝日新聞

社，二〇〇二年，中譯《輓歌：寫給我的妻子艾瑞絲》

- 鷲田清一《噛みきれない想い》，角川学芸出版，二〇〇九年，《咀嚼不完的想法》（暫譯）
- 埃里希・弗洛姆《愛するということ》，鈴木晶譯，紀伊國屋書店，一九九一年，中譯《愛的藝術》
- 辺見庸《私とマリオ・ジャコメッツリ：「生」と「死」のあわいを見つめて》，日本放送出版協会，二〇〇九年，《我與馬里奧・賈科梅利：凝視「生」與「死」之間》（暫譯）
- 貝爾克《病床の心理学》，早坂泰次郎譯，現代社，一九七五年，《病床的心理學》（暫譯）
- 峫江敏幸《めぐらし屋》毎日新聞社，二〇〇七年，《謀略者》（暫譯）
- 三好春樹《老人介護：常識の誤り》，新潮社，二〇〇六年，《老人照護：常識的謬誤》（暫譯）
- 三好春樹《老人介護：じいさん・ばあさんの愛しかた》，新潮社，二〇〇七年，中譯《愛爺爺奶奶的方法：「照護專家」分享讓老人家開心生活的祕訣》
- 威廉・薩默塞特・毛姆《サミング・アップ》，行方昭夫譯，岩波書店，二〇〇七年，中譯《毛姆寫作回憶錄》

- 瑪格麗特・尤瑟娜《ハドリアヌス帝の回想》，多田智滿子譯，白水社，二〇〇一年，中譯《哈德良回憶錄》
- 読売新聞生活情報部編著《わたしの介護ノート1》，中央公論新社，二〇一〇年，《我的照護筆記1》（暫譯）
- 読売新聞生活情報部編著《わたしの介護ノート2》，中央公論新社，二〇一〇年，《我的照護筆記2》（暫譯）
- KAWADE道の手帖《鶴見俊輔：いつも新しい思想家》，河出書房新社，二〇〇八年，《鶴見俊輔：歷久彌新的思想家》（暫譯）
- Perrin, Tessa and Mary, Hazel《認知症へのアプローチ：ウェルビーイングを高める作業療法的視点》，白井狀一、白井はる奈、白井佐知子譯，Elsevier Japan，二〇〇七年，《探究失智症：從職能治療提升安適度的觀點》（暫譯）

國家圖書館出版品預行編目資料

照護年邁父母的勇氣：阿德勒心理學×肯定自己×修復親子關係，照護者的心靈自癒指南／岸見一郎著；葉小燕譯. -- 初版. -- 臺北市：日月文化出版股份有限公司。
2021.05 272面；14.7×21公分. --（大好時光；43）
譯自：先に亡くなる親といい関係を築くためのアドラー心理学
ISBN 978-986-248-972-7（平裝）

1.老人養護 2.父母 3.照顧者 4.親子關係

544.85　　110004991

大好時光 43

照護年邁父母的勇氣

阿德勒心理學×肯定自己×修復親子關係，照護者的心靈自癒指南

先に亡くなる親といい関係を築くためのアドラー心理学

作　　者：岸見一郎
譯　　者：葉小燕
責任編輯：陳玟芯
校　　對：陳玟芯、謝美玲
封面設計：張巖
美術設計：林佩樺

發 行 人：洪祺祥
副總經理：洪偉傑
副總編輯：謝美玲
法律顧問：建大法律事務所
財務顧問：高威會計師事務所
出　　版：日月文化出版股份有限公司
製　　作：大好書屋
地　　址：台北市信義路三段151號8樓
電　　話：(02)2708-5509　傳　　真：(02)2708-6157
客服信箱：service@heliopolis.com.tw
網　　址：www.heliopolis.com.tw
郵撥帳號：19716071 日月文化出版股份有限公司

總 經 銷：聯合發行股份有限公司
電　　話：（02）2917-8022　傳真：（02）2915-7212
印　　刷：禾耕彩色印刷事業股份有限公司
初　　版：2021年05月
定　　價：350元
I S B N：978-986-248-972-7

SAKININAKUNARUOYA TO IIKANKEI WO KIZUKUTAMENO ADLER SHINRIGAKU
BY Ichiro Kishimi

生命，因閱讀而大好